Anne Terzibaschitsch

Tastenträume

Mein allererstes Konzert

22 Vortragsstücke für
den Anfangsunterricht am Klavier

Impressum

VHR 3562 / ISMN 979-0-2013-0927-9 / ISBN 978-3-86434-057-4

Umschlag: Christian Seybold, Ingolstadt

Notensatz: Regina Krauß, Speyer

www.holzschuh-verlag.de

Inhaltsverzeichnis

Danke für diesen guten Morgen

Con moto

Text und Melodie: M. G. Schneider

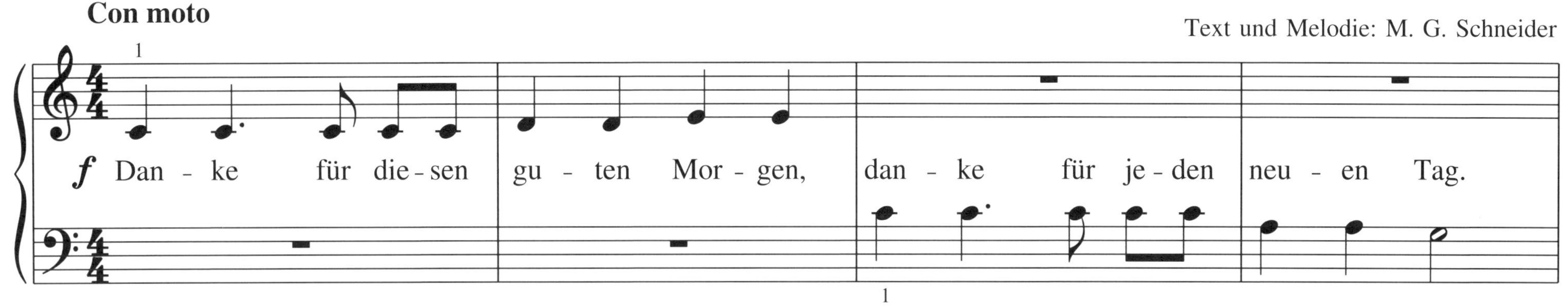

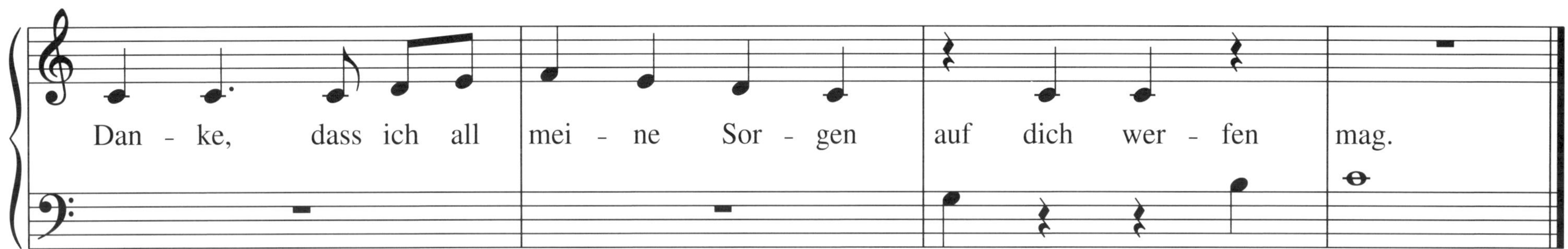

Begleitung

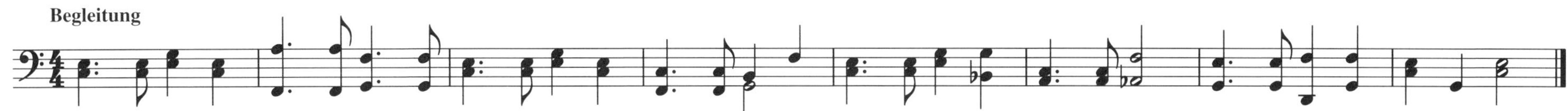

Schwanensee

Thema

Moderato

P. Tschaikowski (1840–1893)

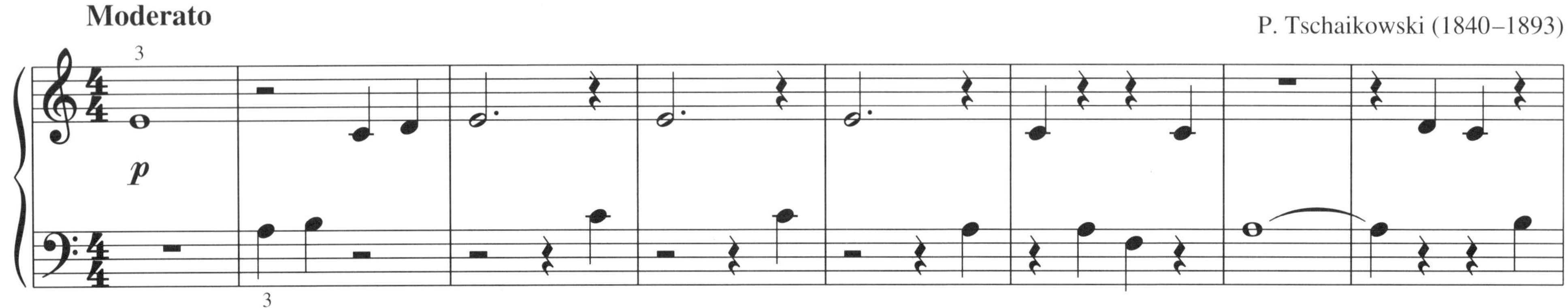

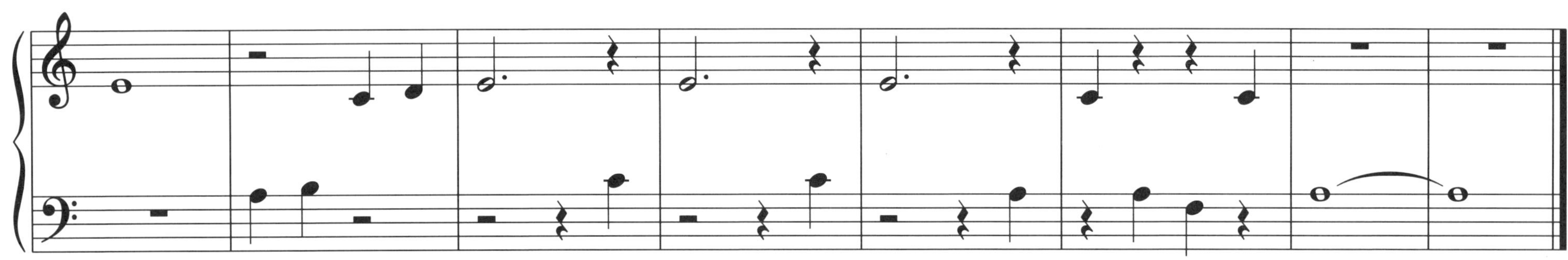

Begleitung

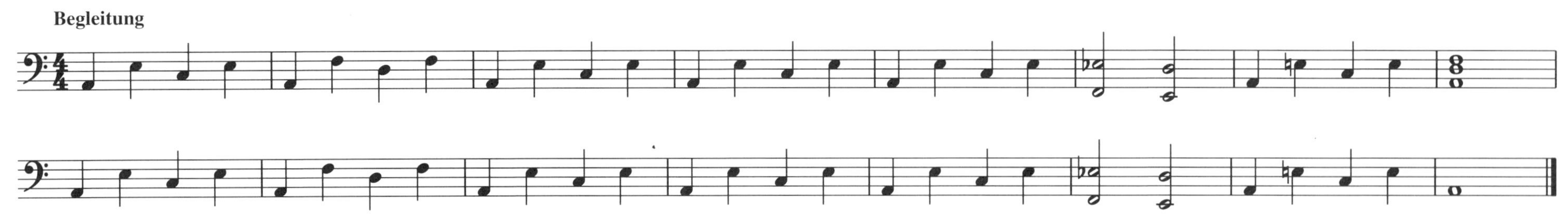

Amazing Grace

Traditional
Text: J. H. Newton (1725–1807)

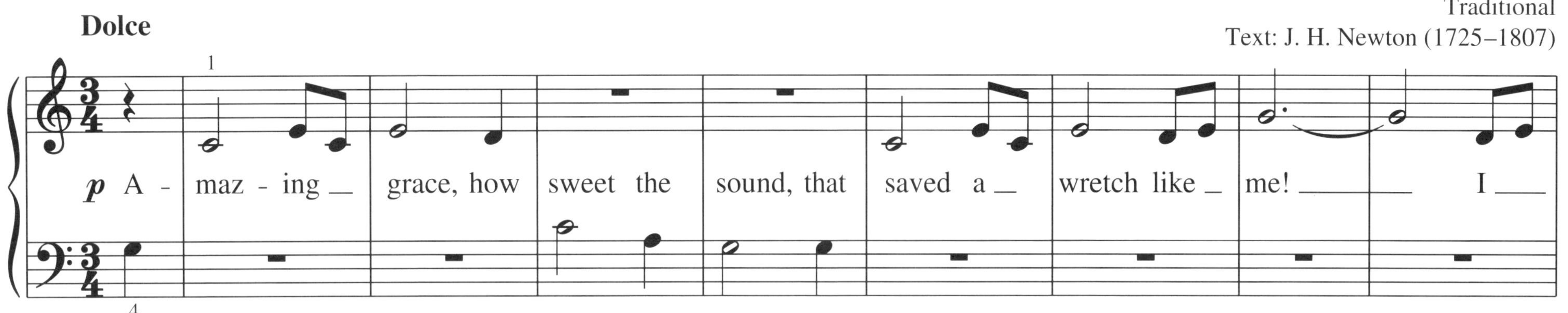

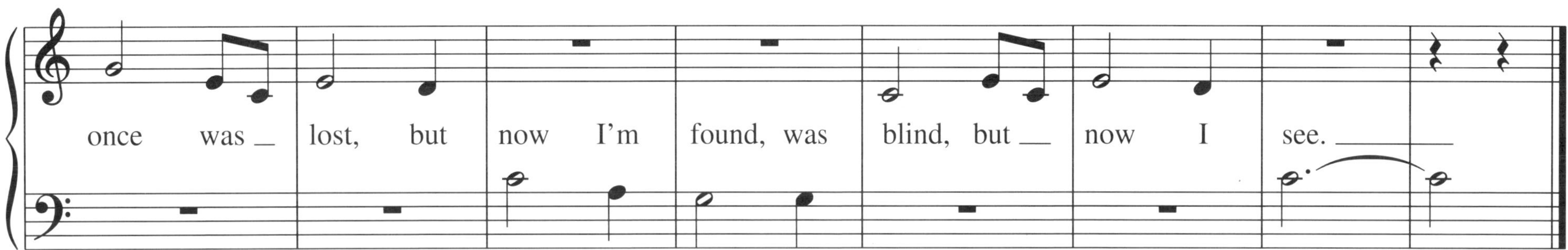

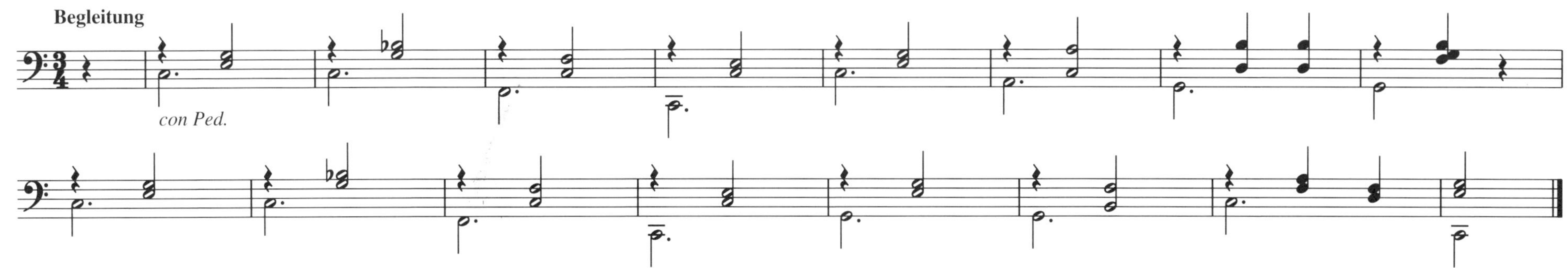

Morning Has Broken

Irische Weise

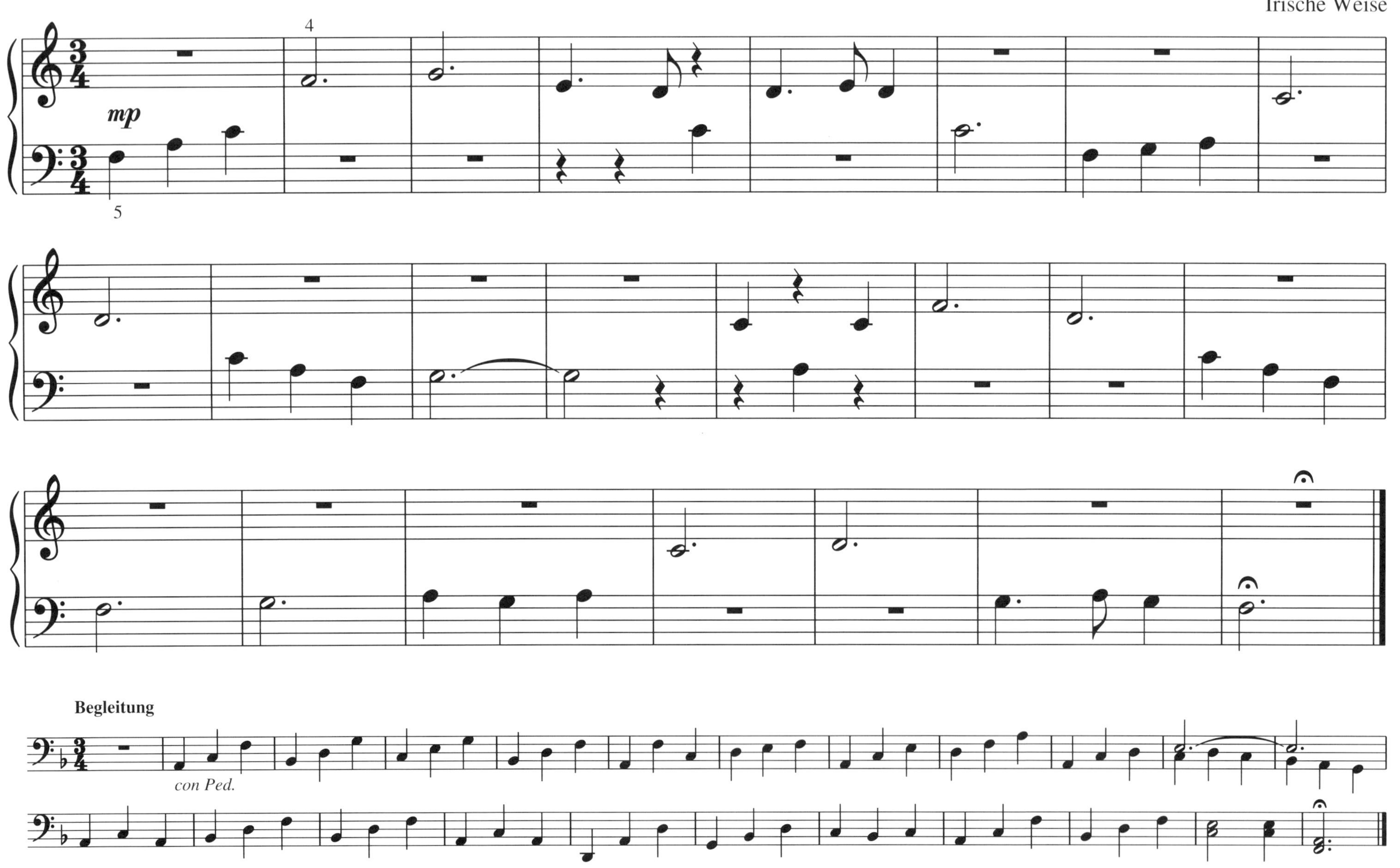

Halleluja

aus dem Oratorium *Der Messias*

Allegro

G. F. Händel (1685–1759)

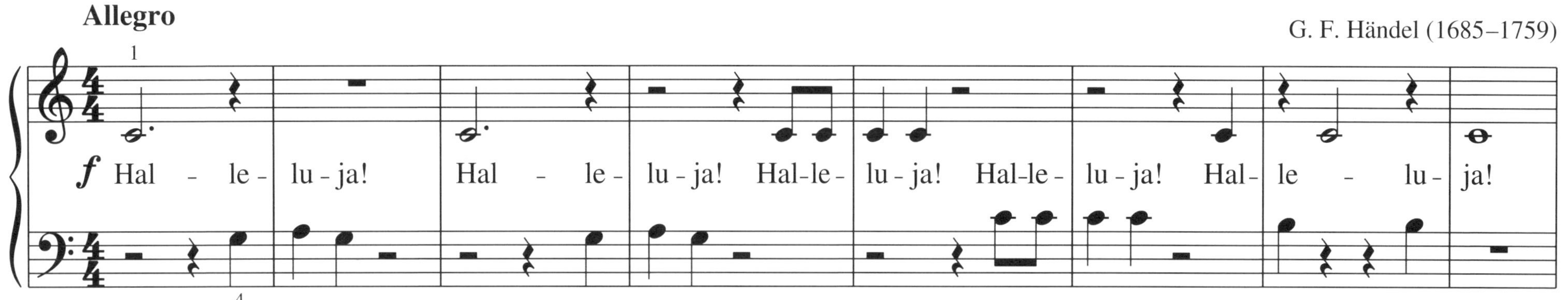

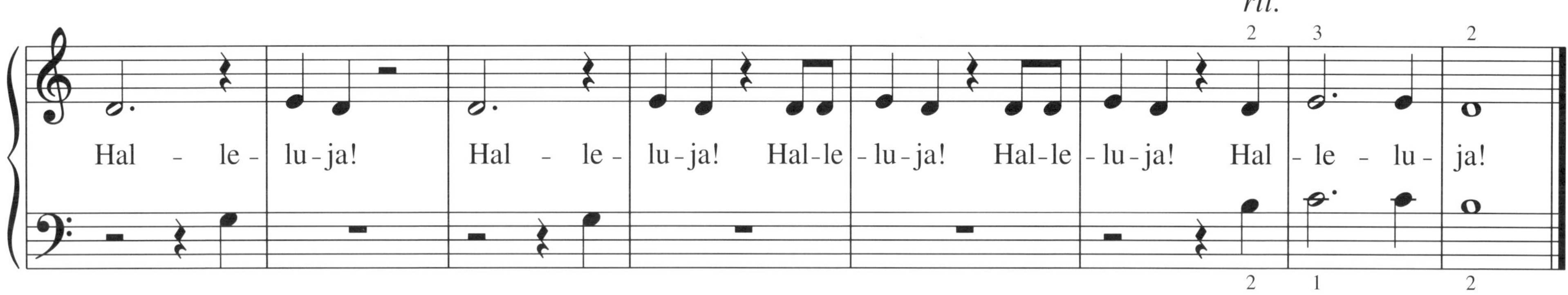

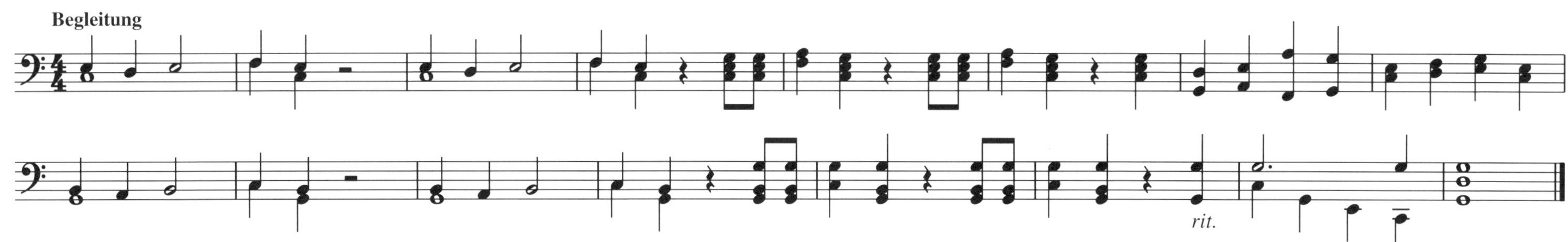

Rosen aus dem Süden

Walzer, op. 388

Allegretto

J. Strauß (Sohn) (1825–1899)

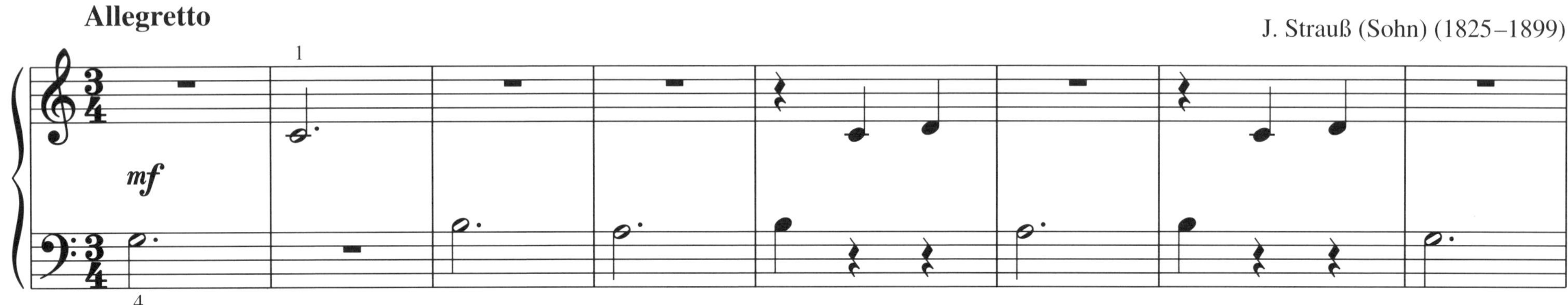

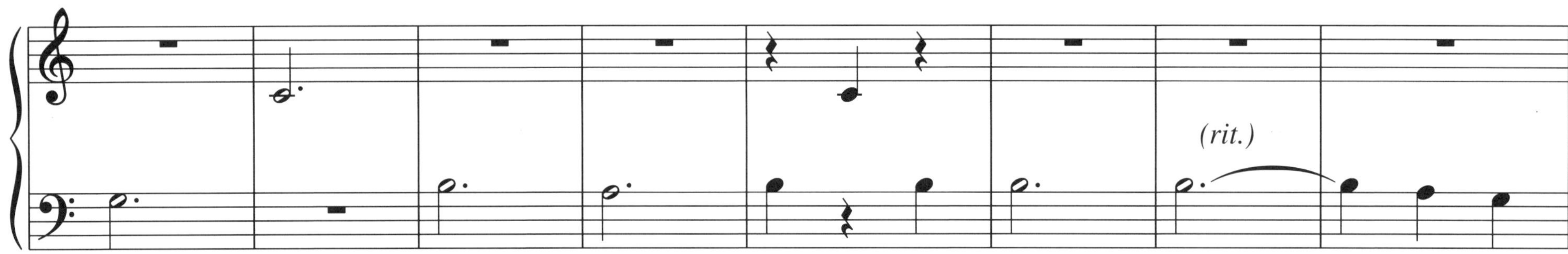

Begleitung

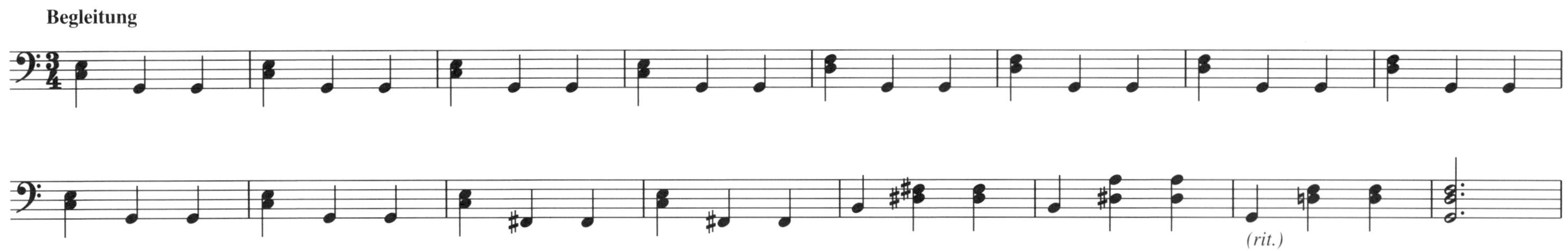

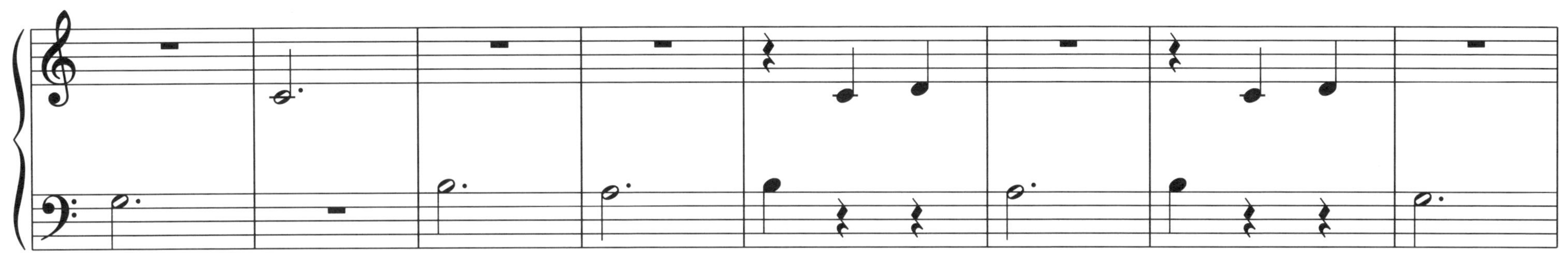

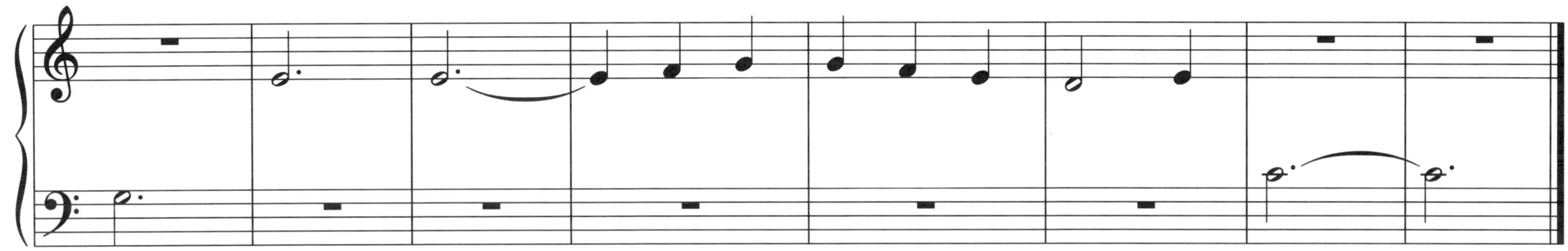

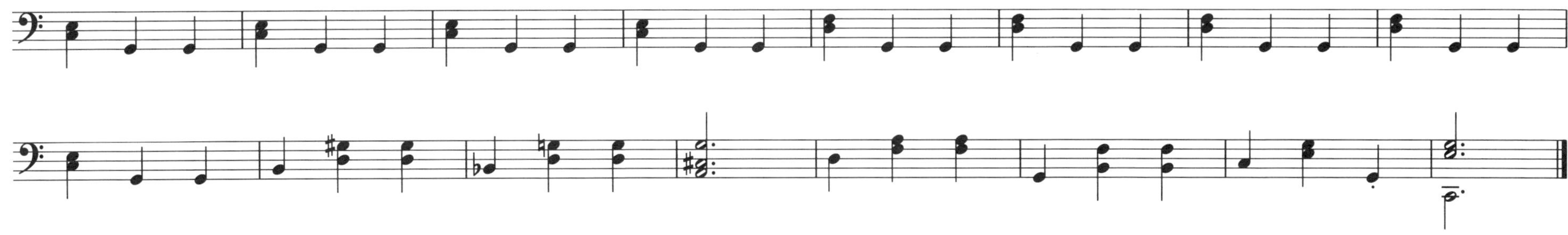

Schwabentanz

aus dem *Notenbuch für Wolfgang*

Allegretto

L. Mozart (1719–1787)

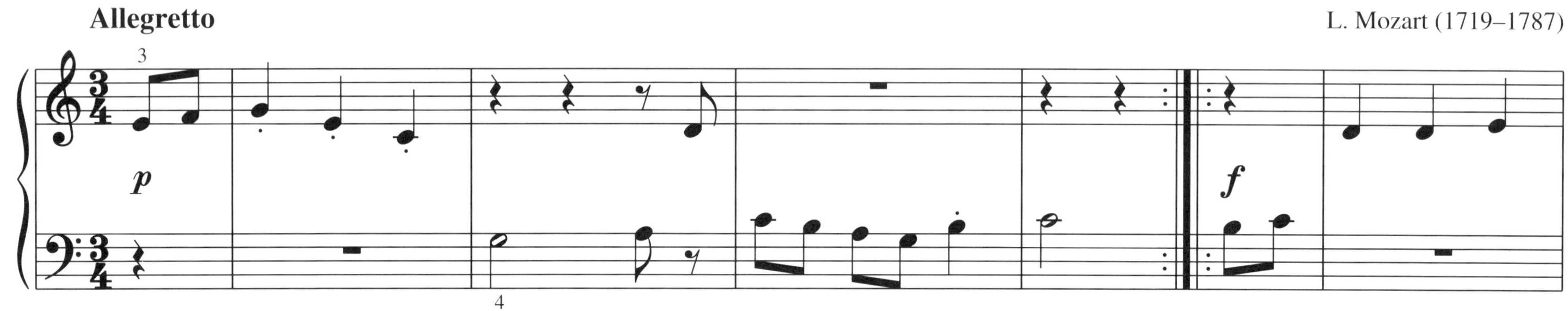

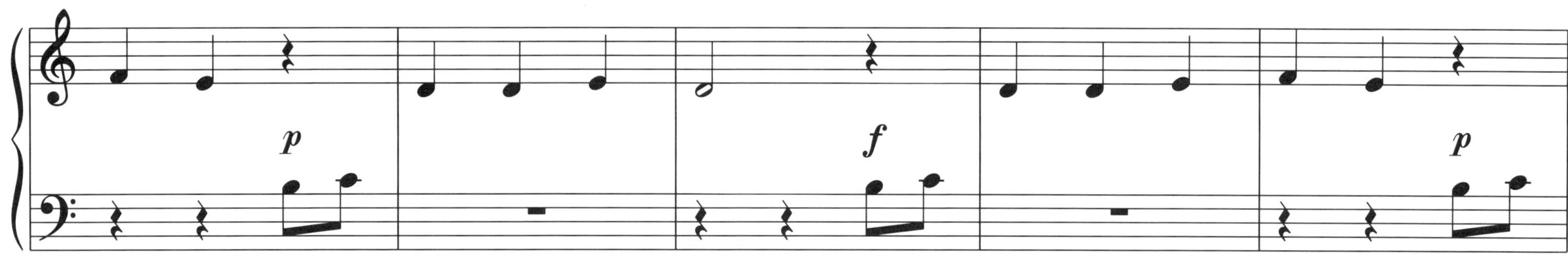

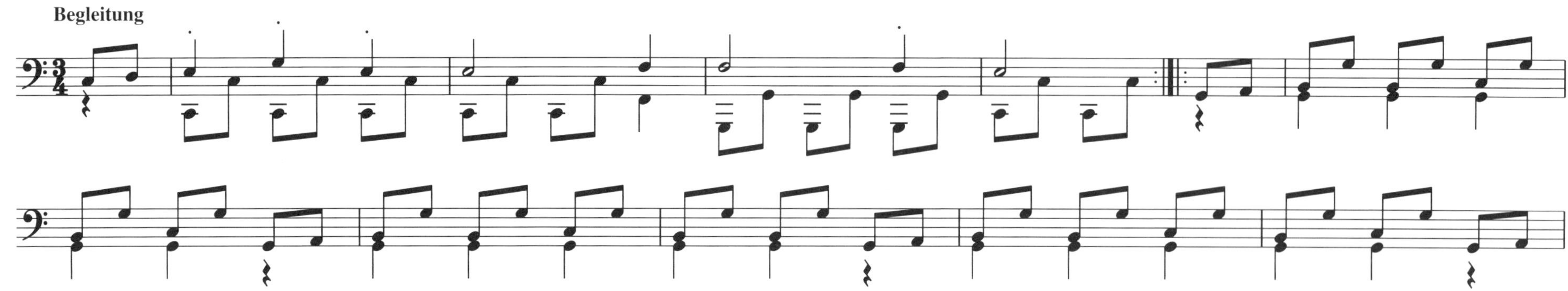

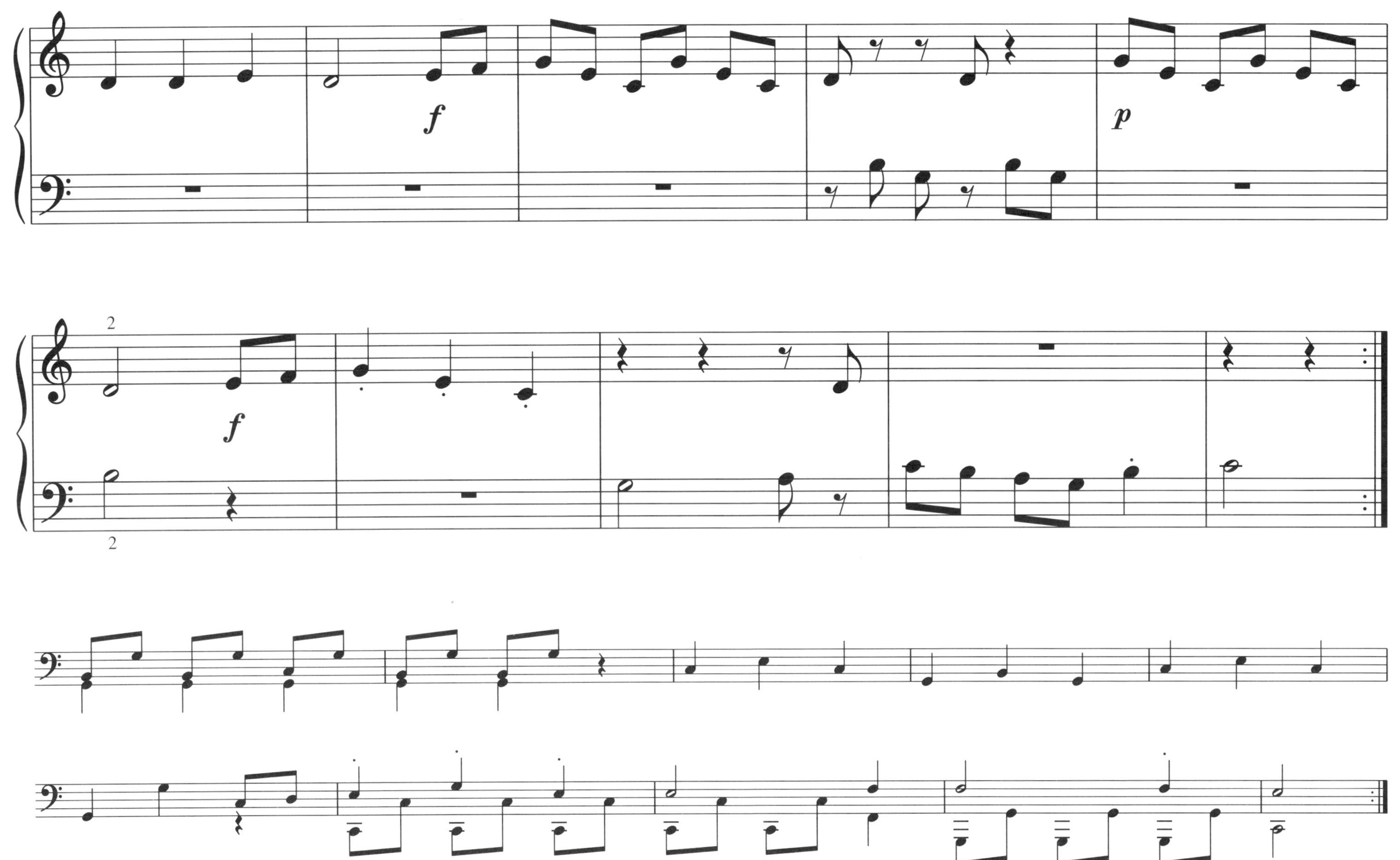
f
p
2
f
2

Triumphmarsch

aus der Oper *Aida*

Festlich G. Verdi (1813–1901)

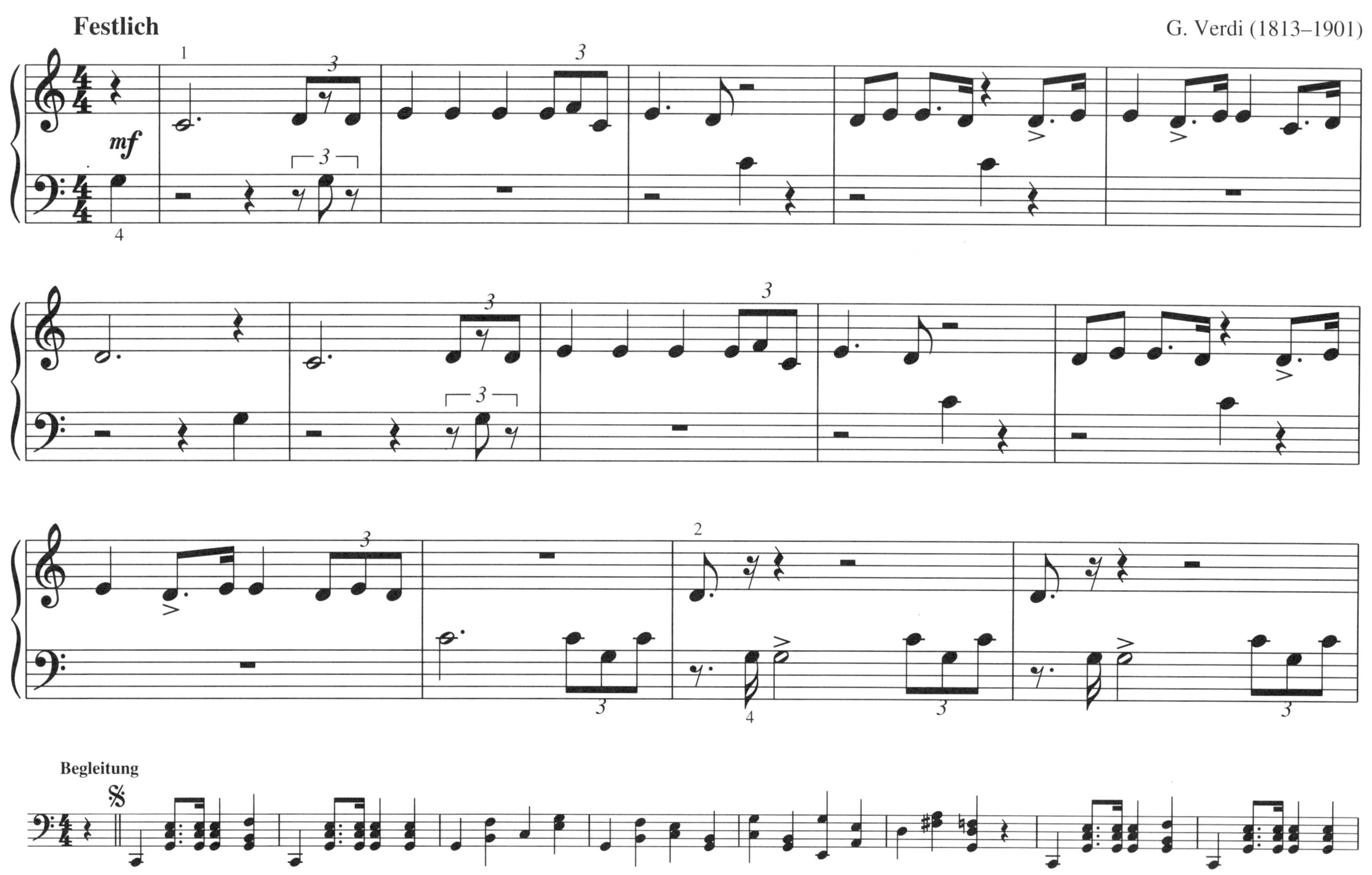

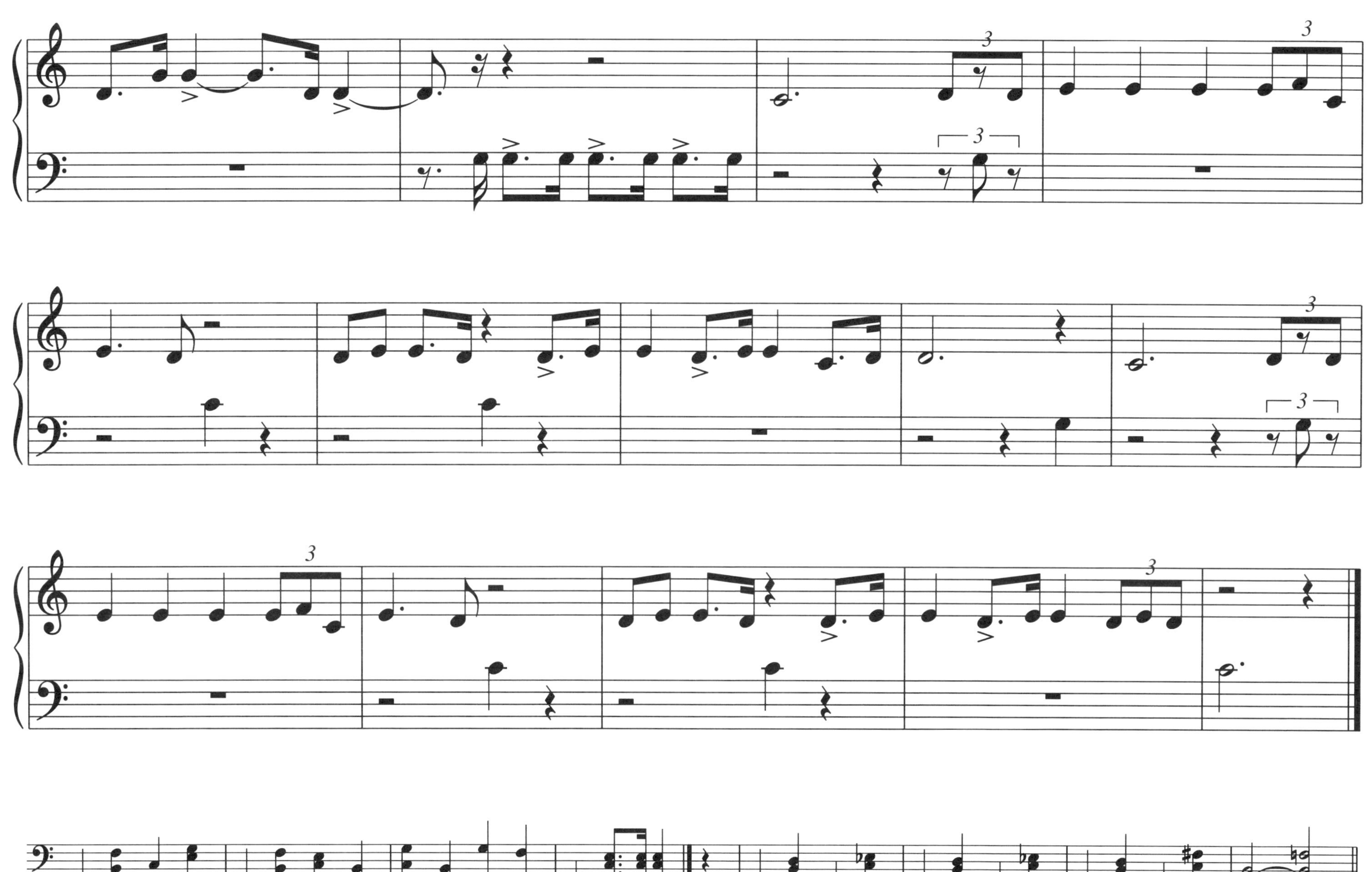
3
3
3
3
3
3
3
Fine
Dal Segno al Fine

What Shall We Do With The Drunken Sailor

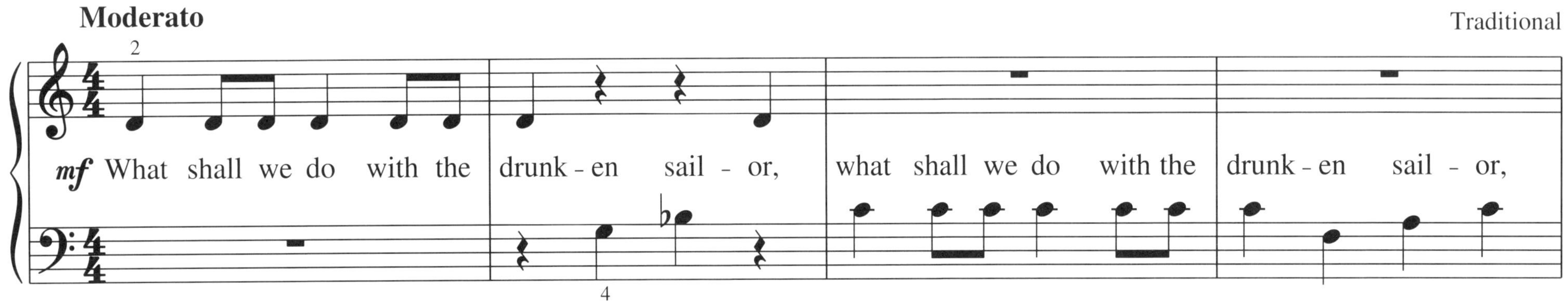

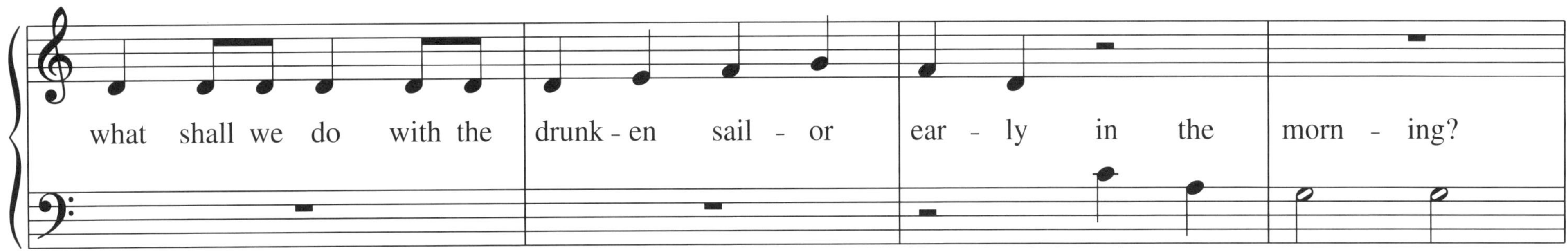

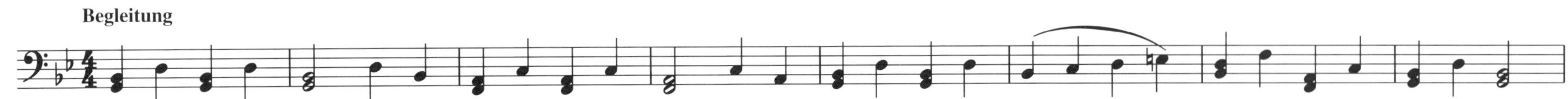

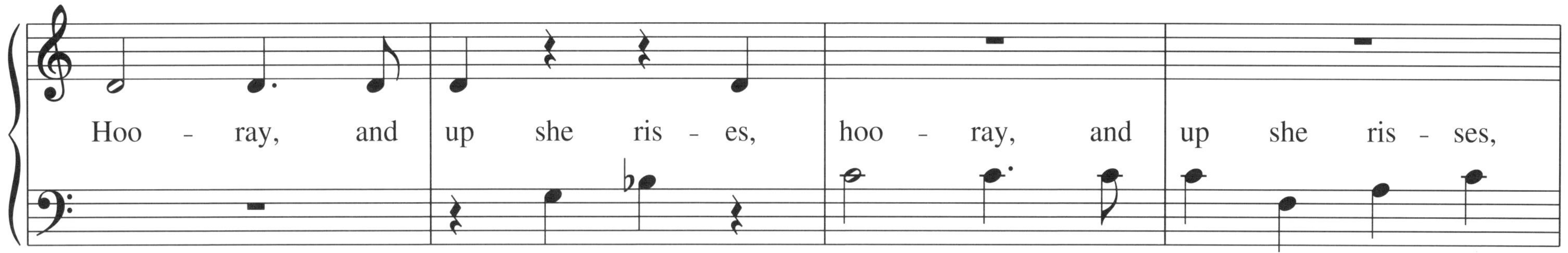
Hoo - ray, and up she ris - es, hoo - ray, and up she ris - ses,

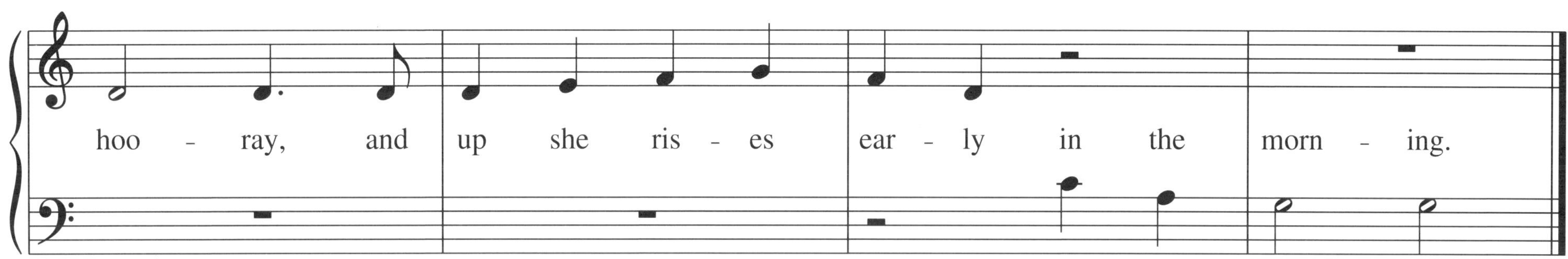
hoo - ray, and up she ris - es ear - ly in the morn - ing.

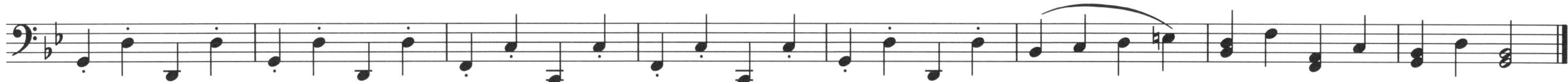

Liebestraum

Notturno Nr. 3

Poco Allegro

F. Liszt (1811–1886)

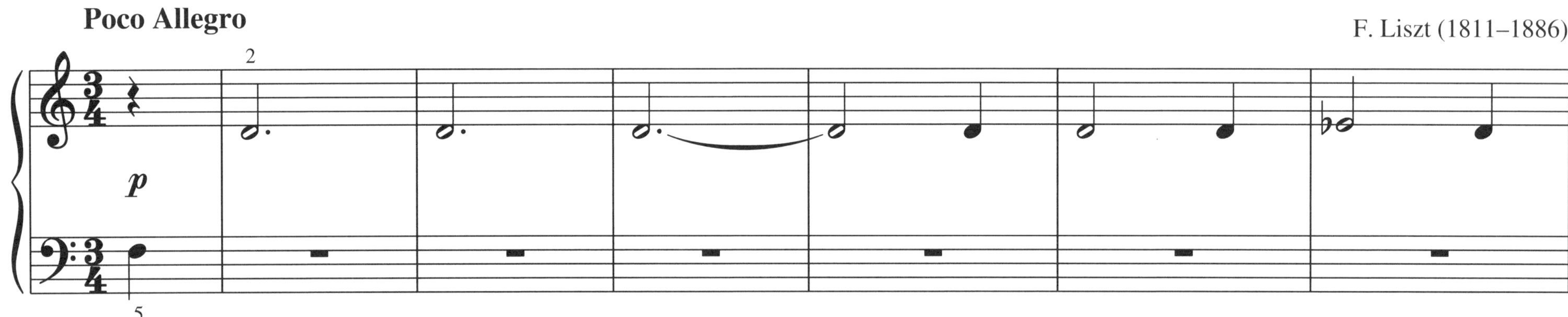

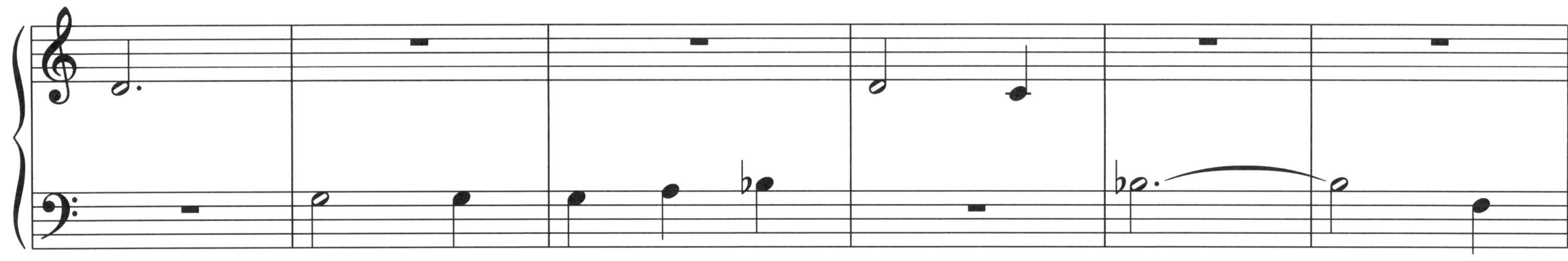

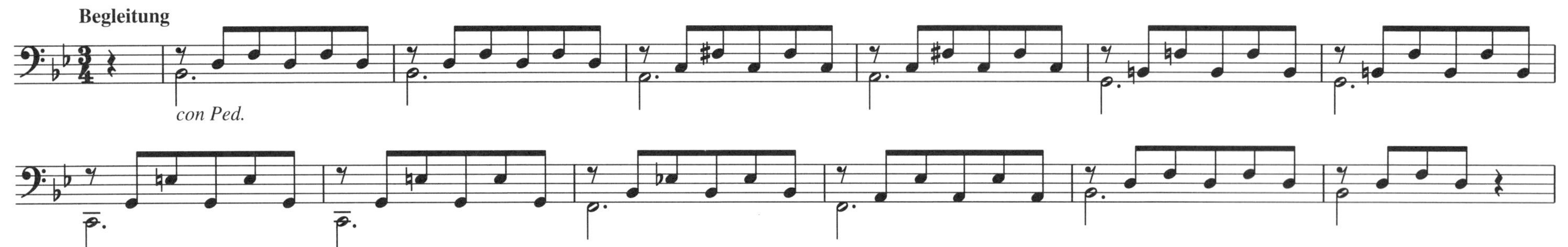

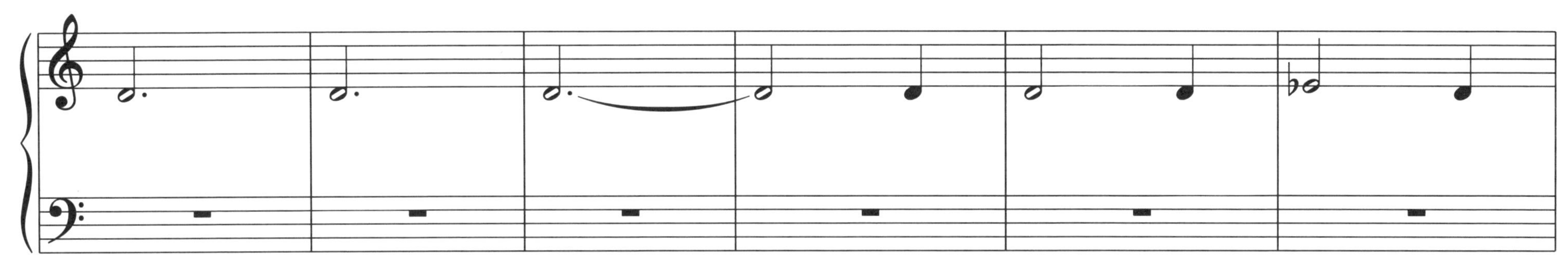

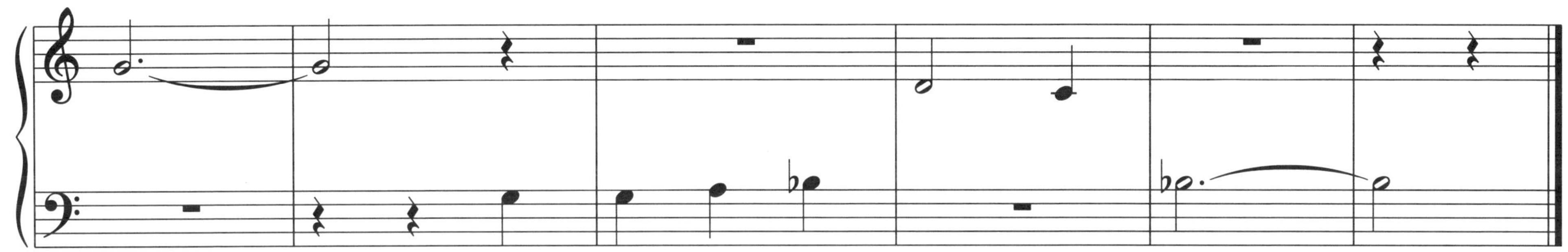

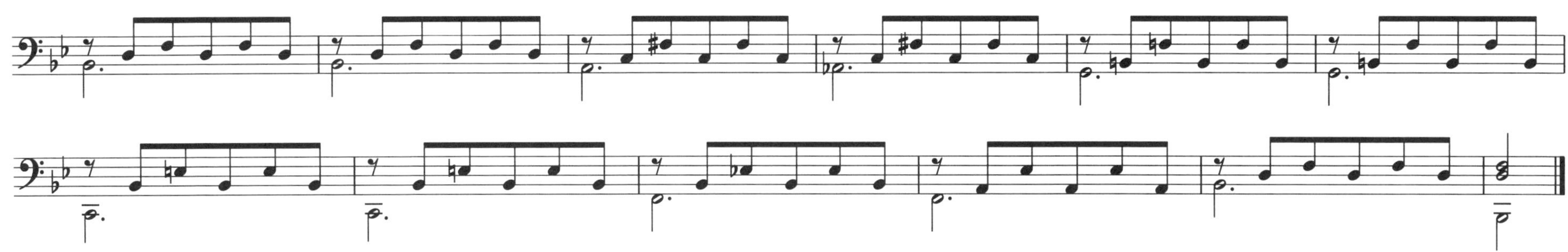

Himmel und Erde müssen vergehn

Kanon

Volksweise

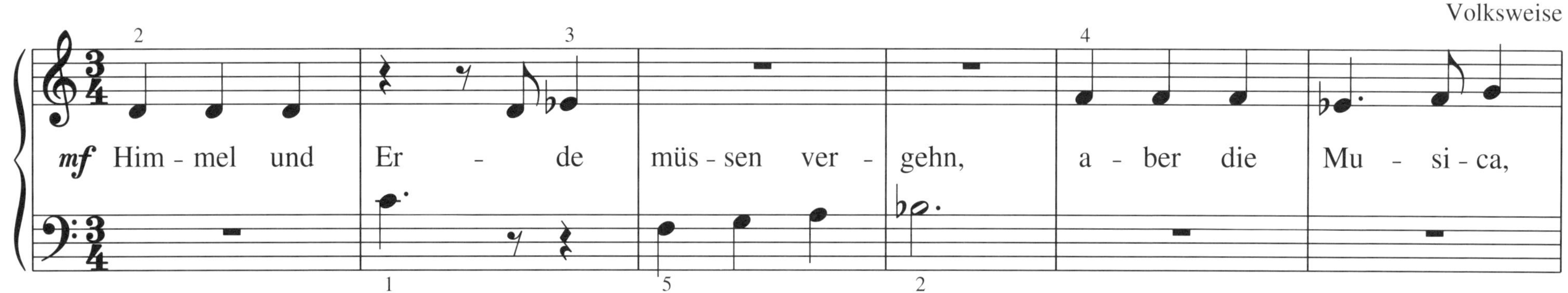

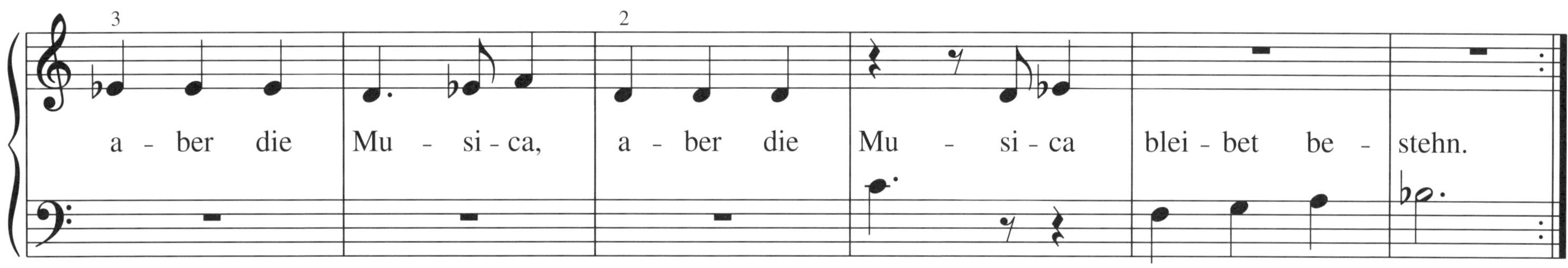

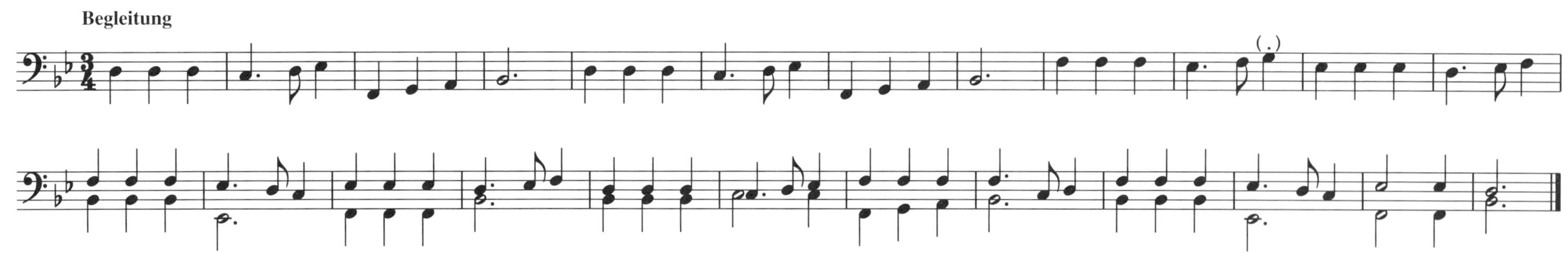

Impromptu

Thema D. 935 Nr. 3

Andante

F. Schubert (1797–1828)

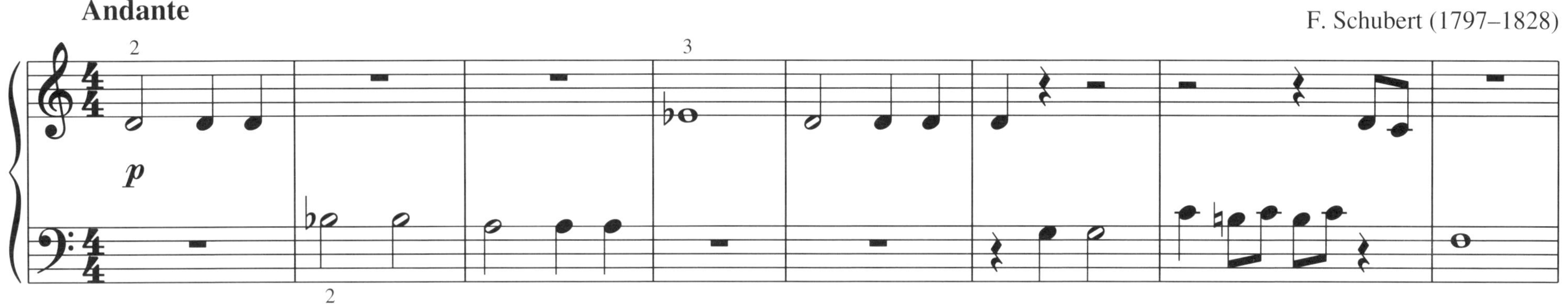

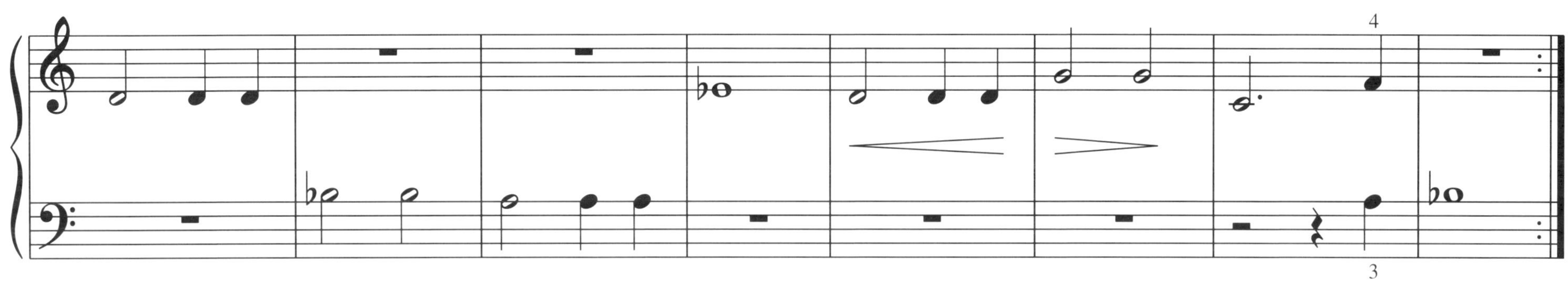

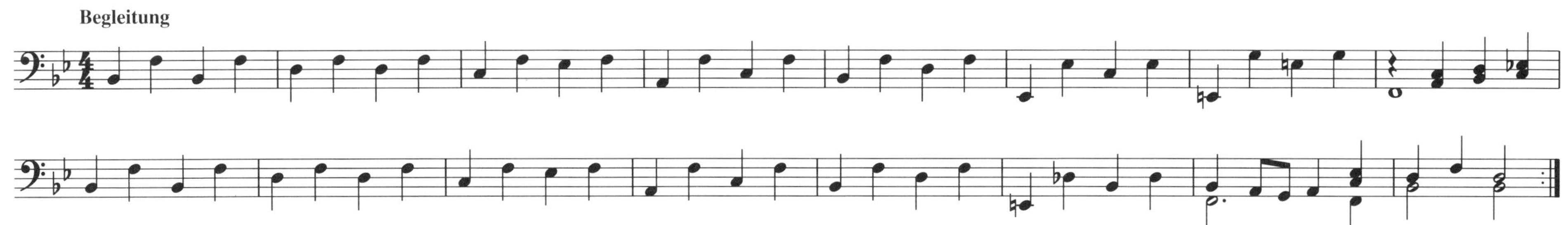

Der Frühling

aus *Die vier Jahreszeiten*

Allegro

A. Vivaldi (1678–1741)

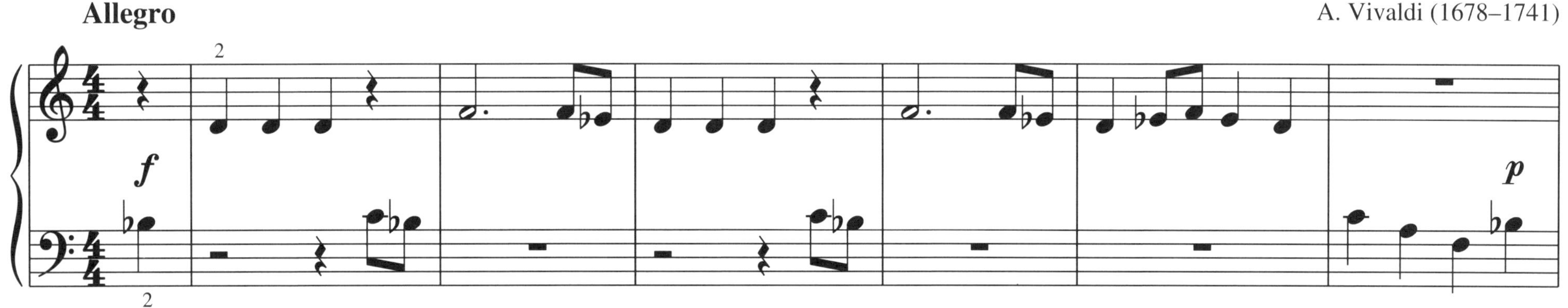

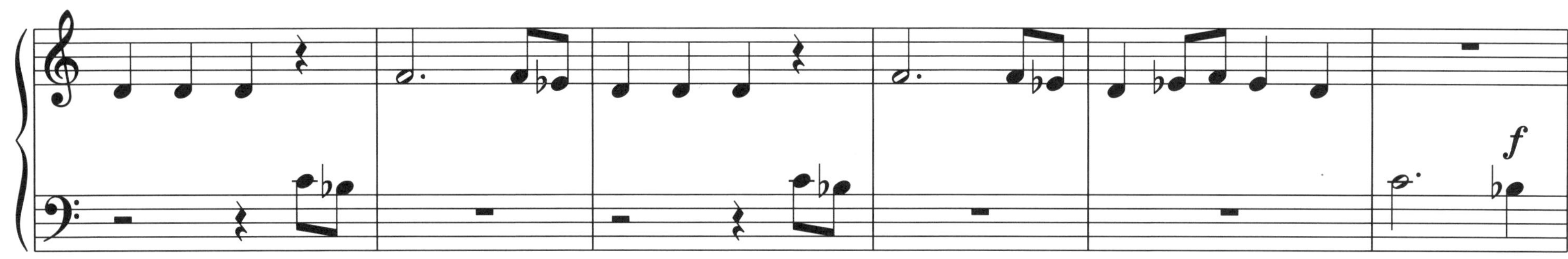

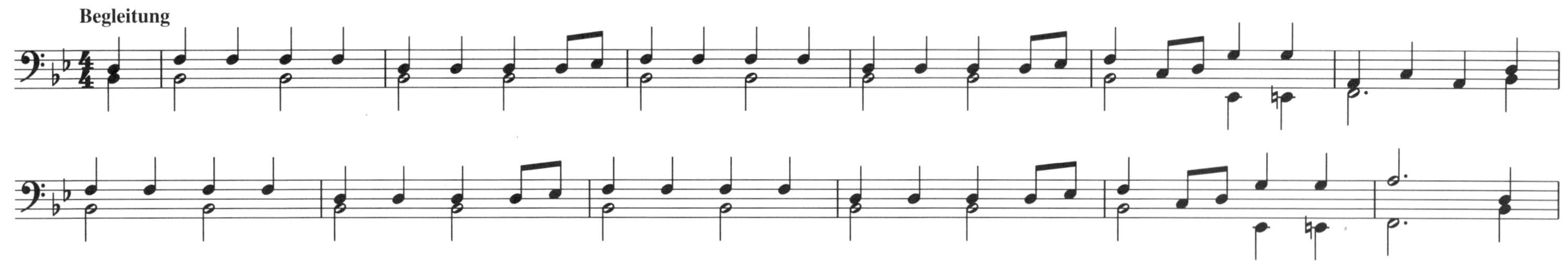

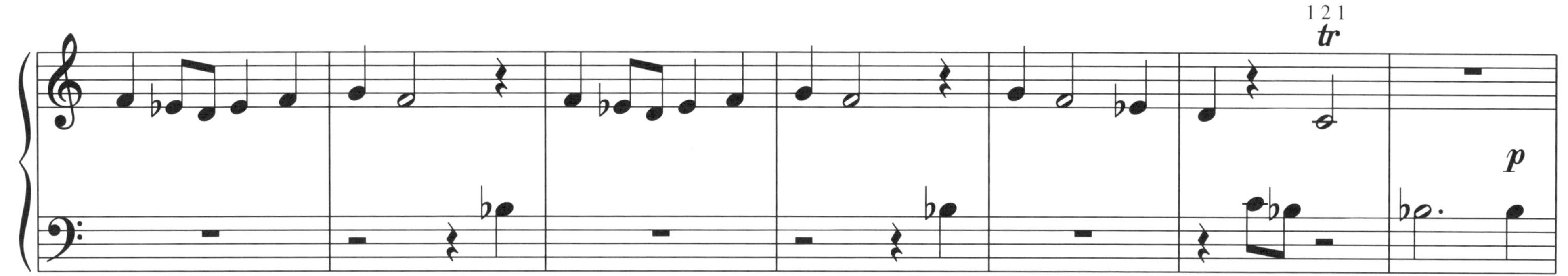
1 2 1
tr
p

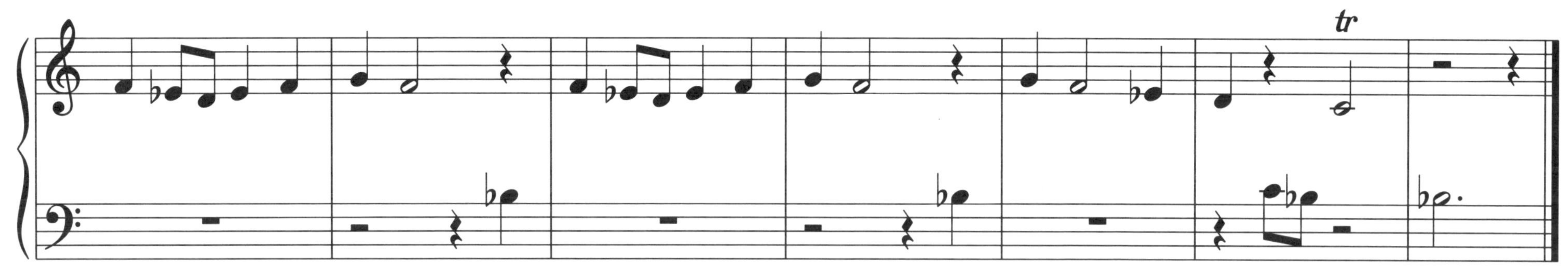
tr

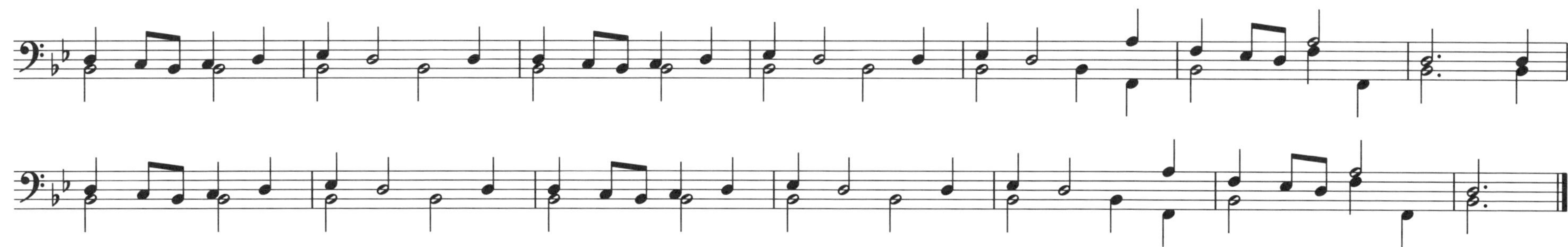

Caresse sur l'océan

aus dem Film *Die Kinder des Monsieur Mathieu*

Text: Christophe Barratier
Musik: Bruno Coulais

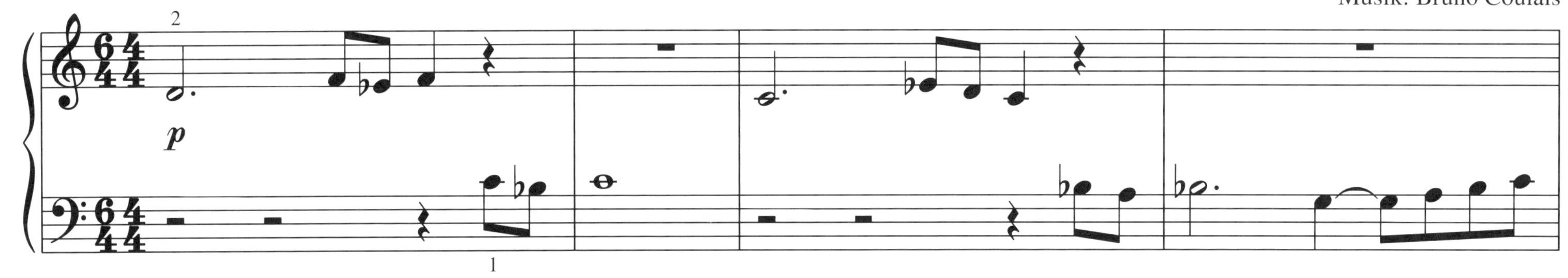

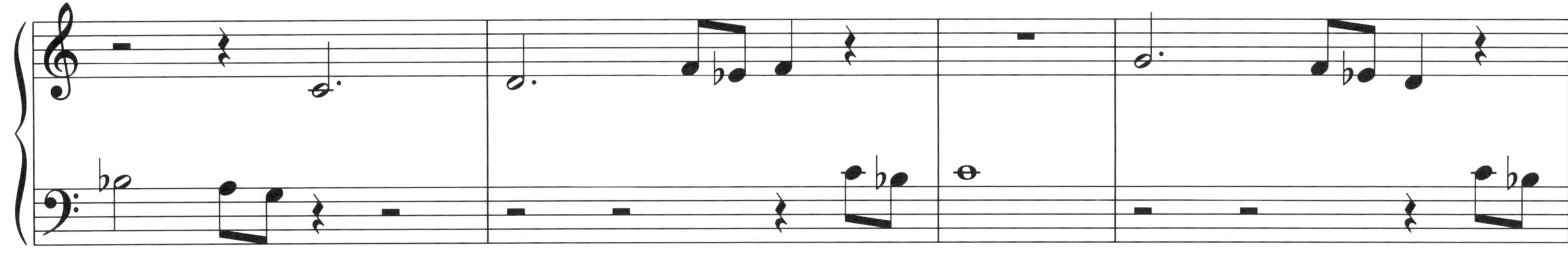

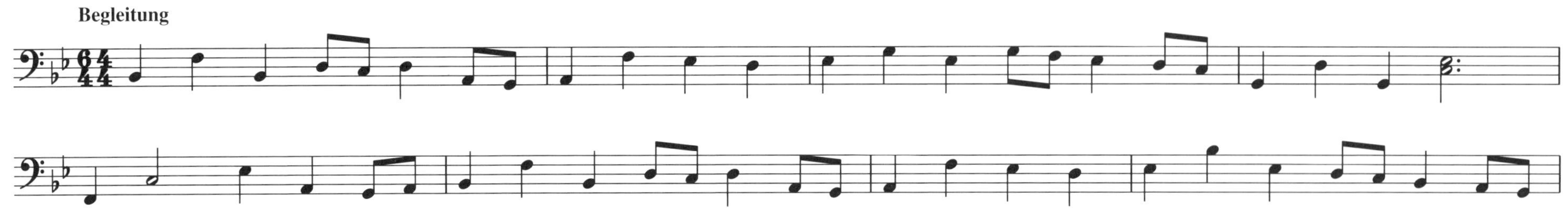

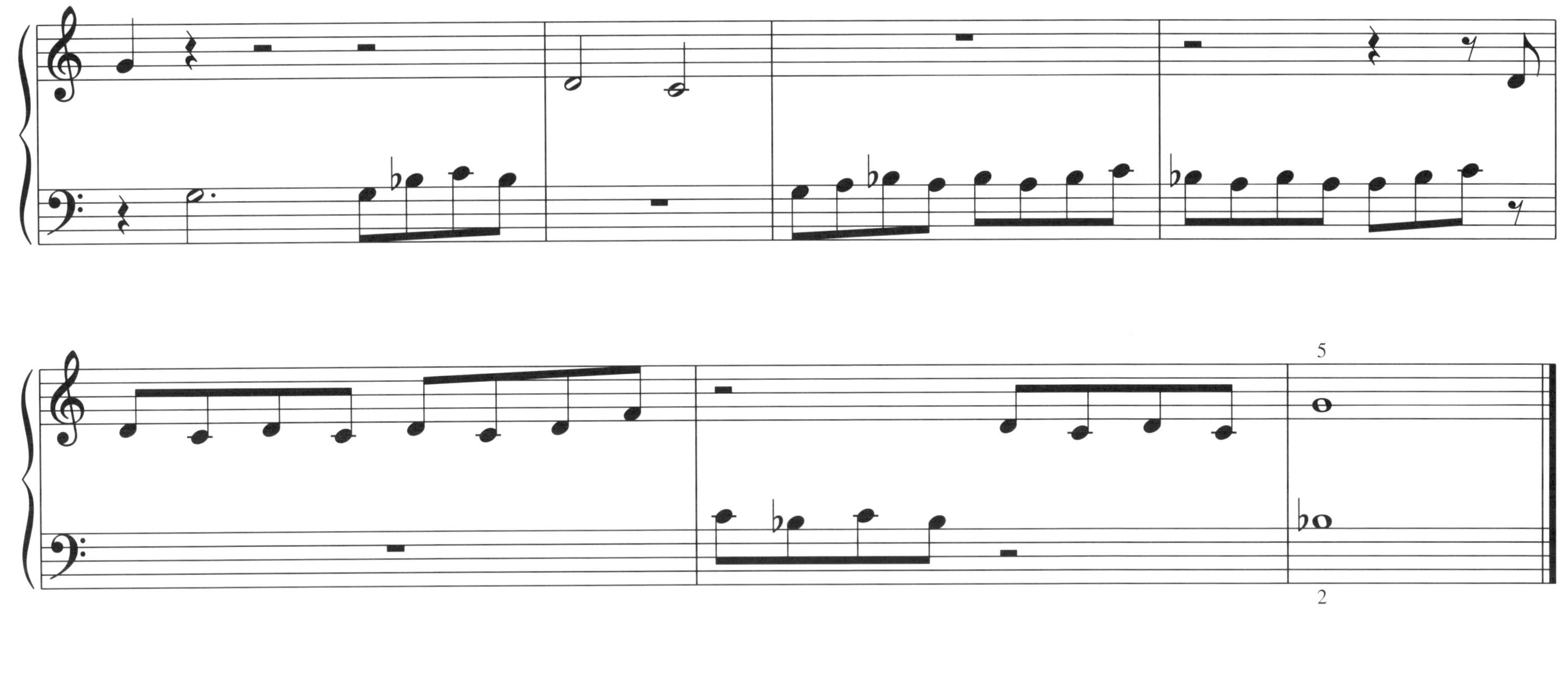

Walzer

op. 39 Nr. 15

Moderato

J. Brahms (1833–1897)

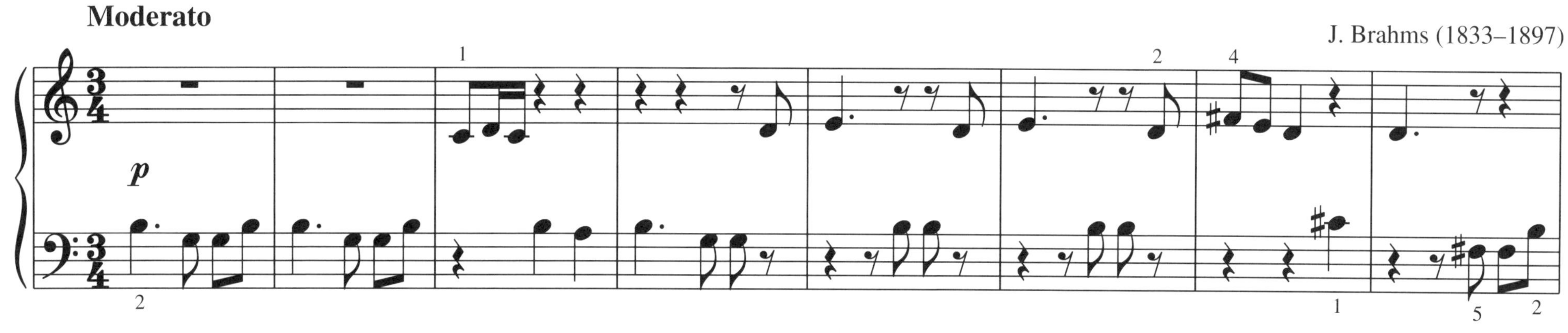

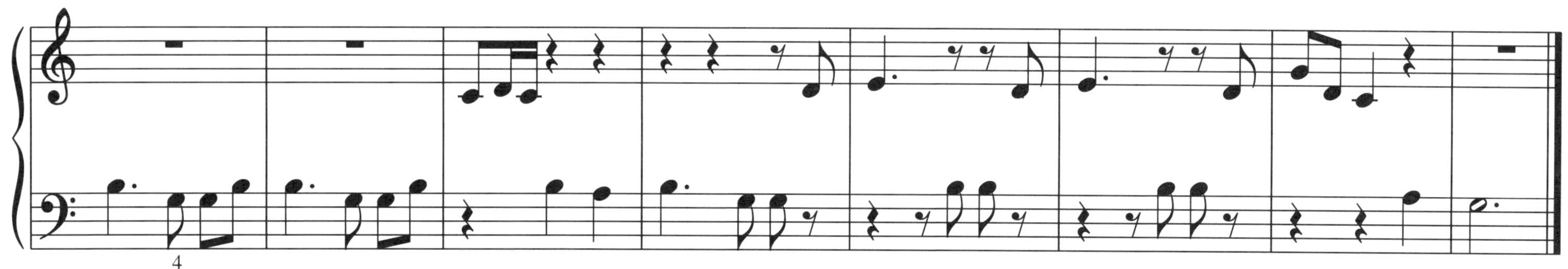

Begleitung

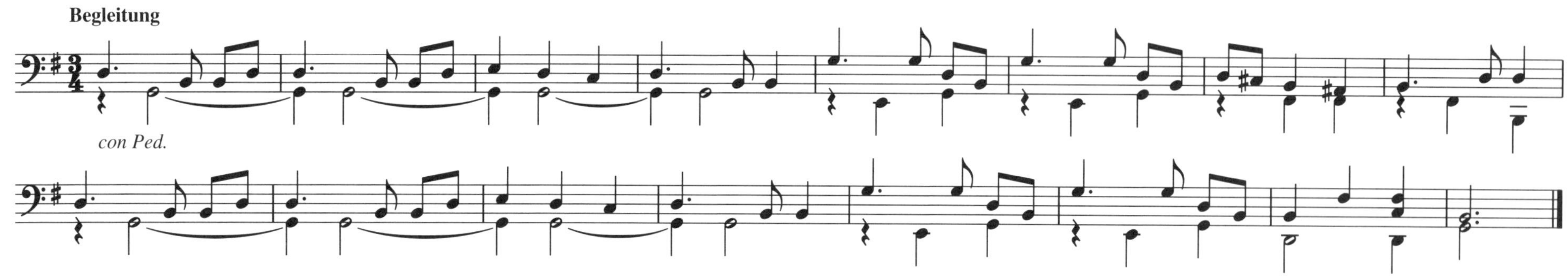

Salut d'amour

op. 12

Andantino

E. Elgar (1857–1934)

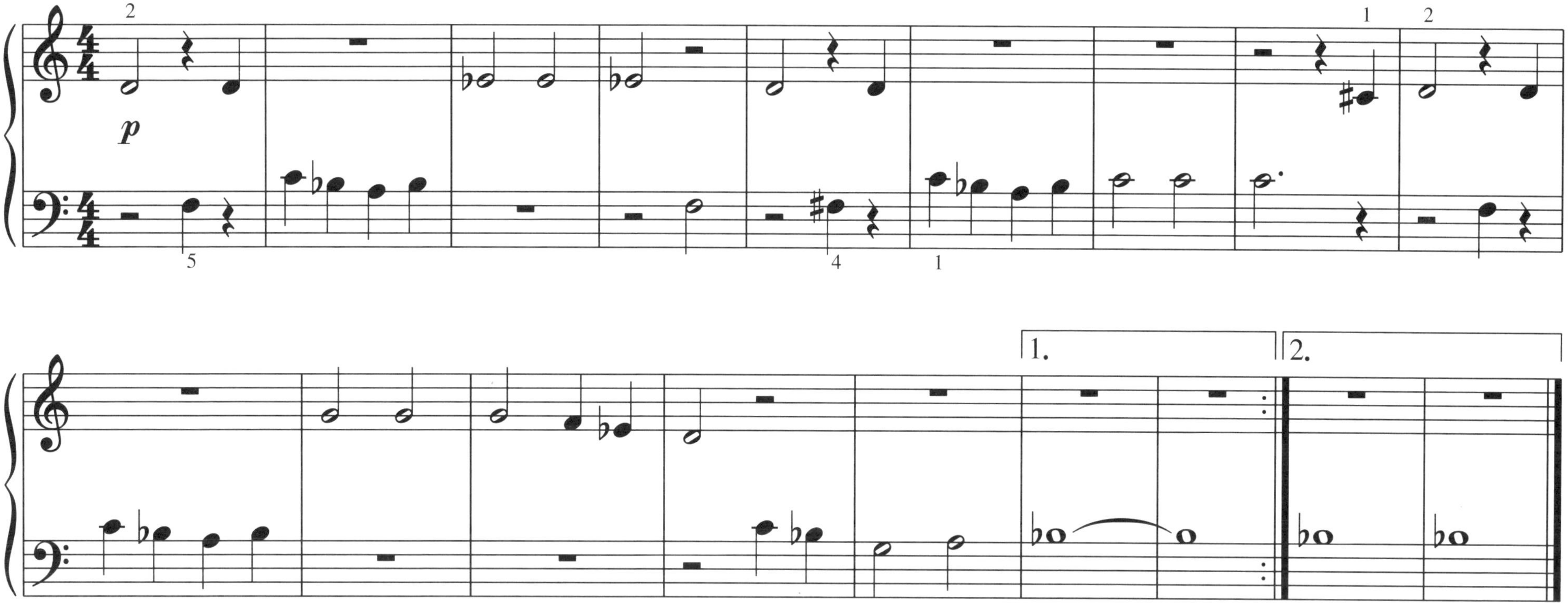

p

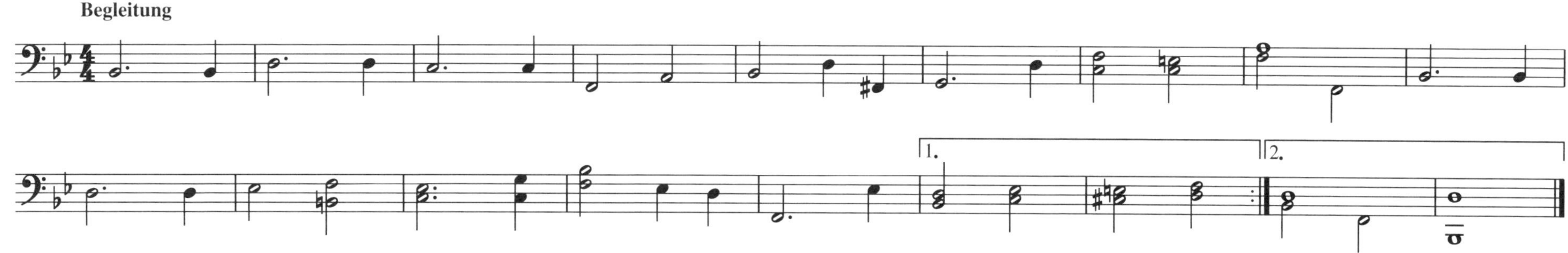

Probier's mal mit Gemütlichkeit

aus dem Film *Das Dschungelbuch* von Walt Disney

Originaltext und Musik: T. Gilkyson
Deutscher Text: H. Riethmüller

Freudig

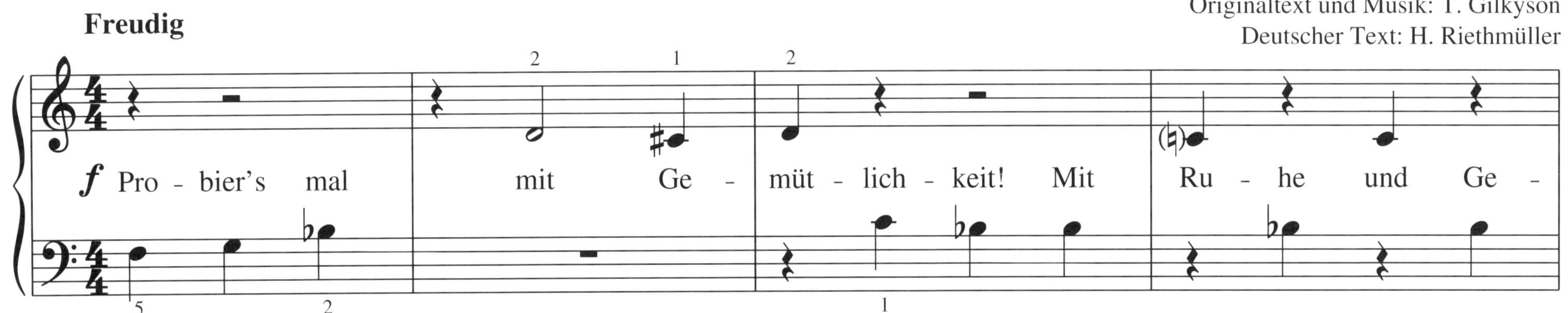

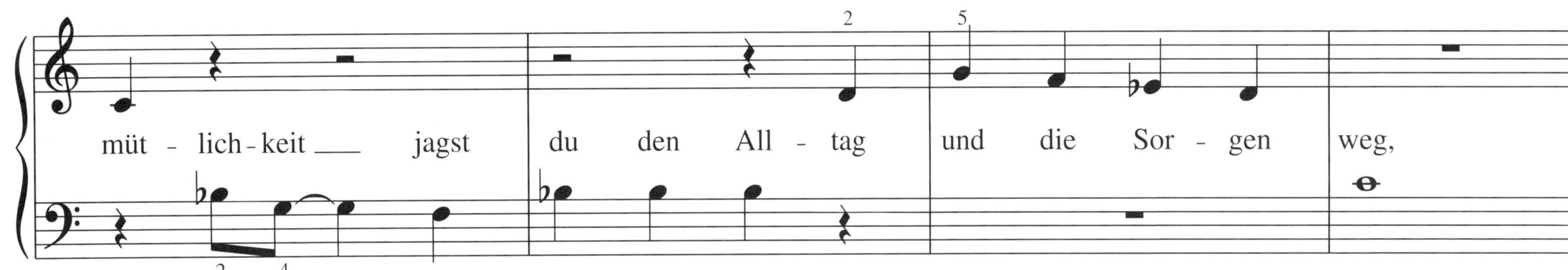

Begleitung

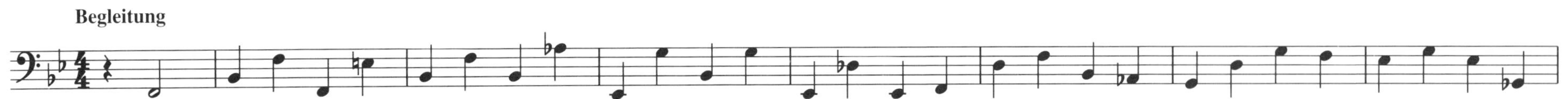

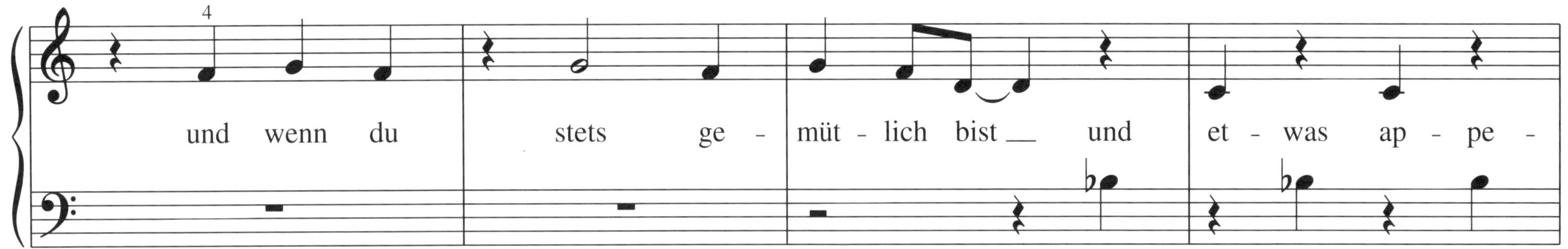
4
und wenn du stets ge - müt - lich bist und et - was ap - pe -

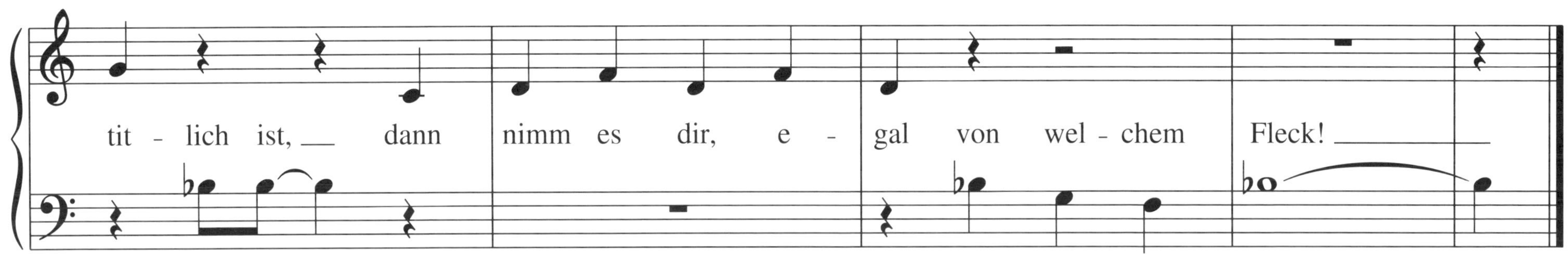
tit - lich ist, dann nimm es dir, e - gal von wel - chem Fleck!

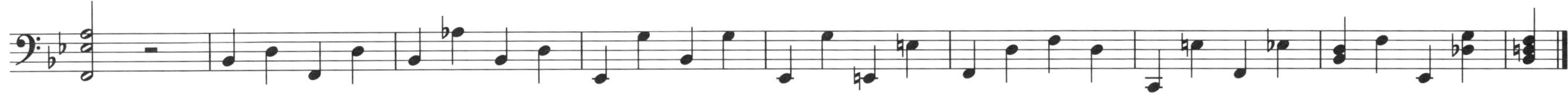

Eine kleine Nachtmusik

KV 525 Thema 1. Satz

Allegro

W. A. Mozart (1756–1791)

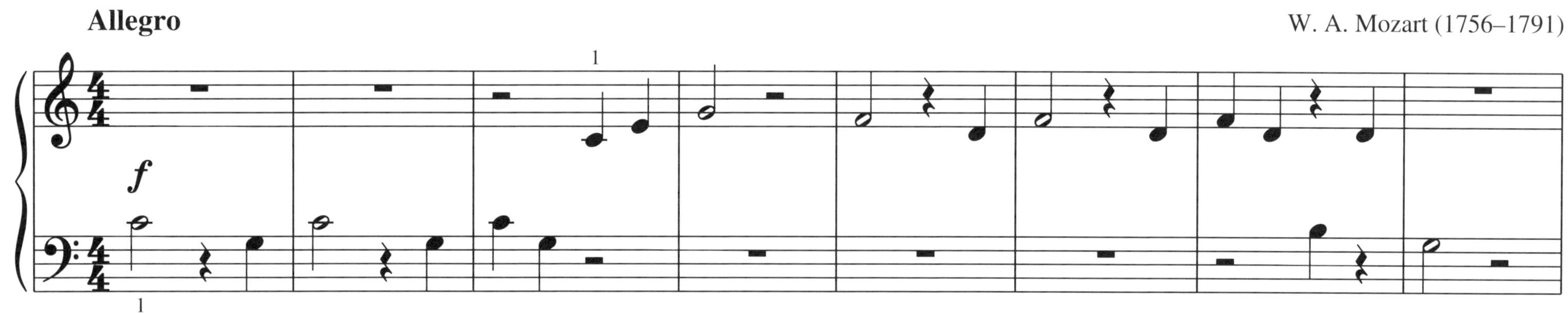

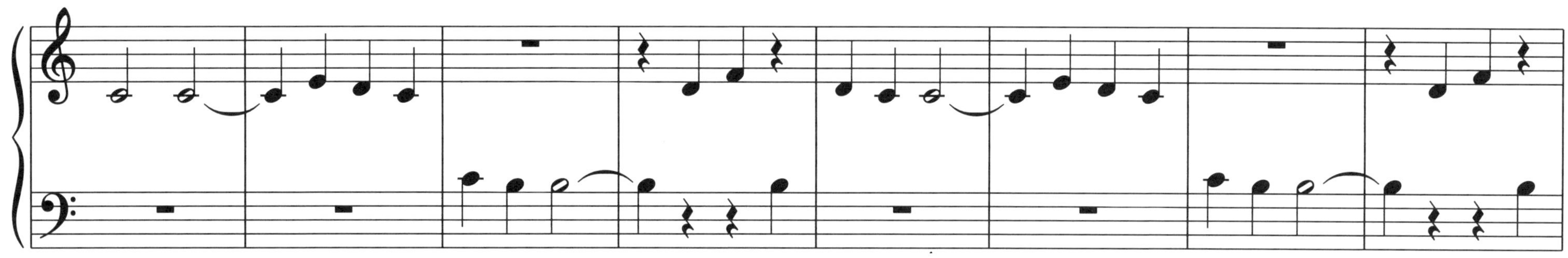

Begleitung

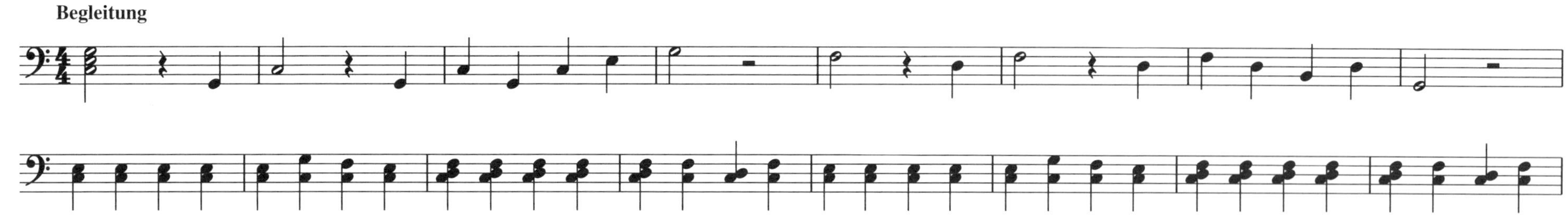

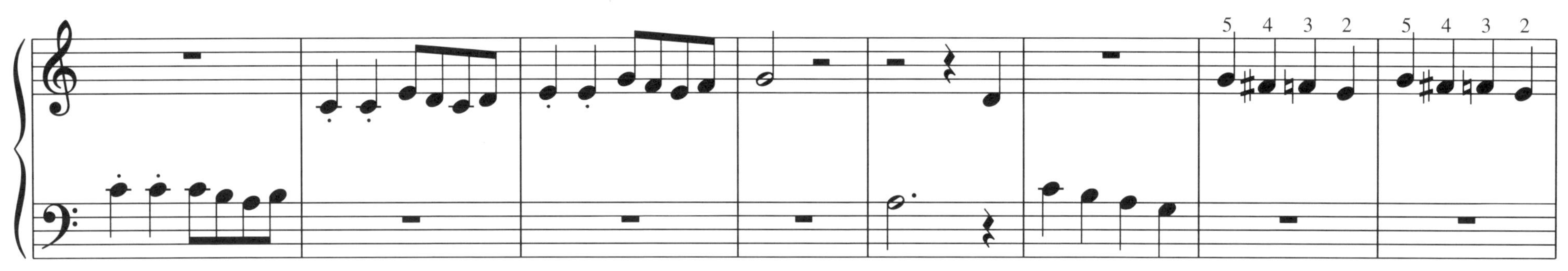
5 4 3 2
5 4 3 2

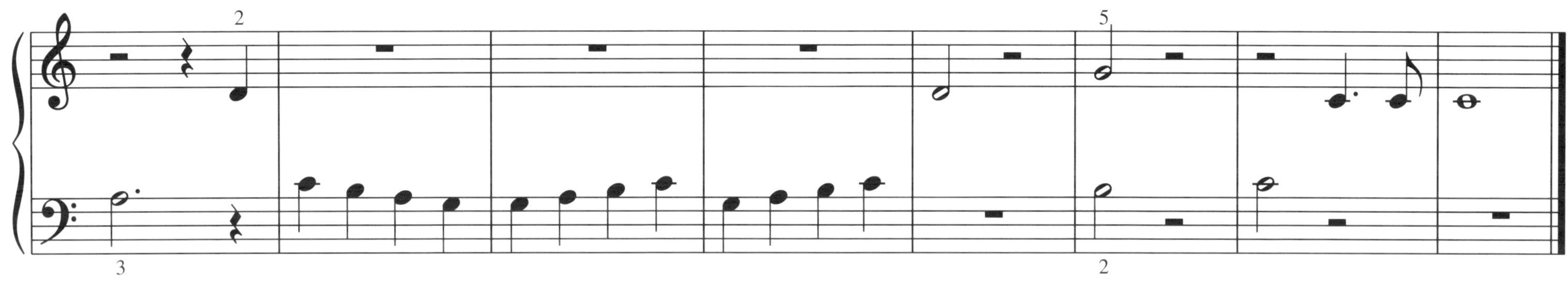
2
3
5
2

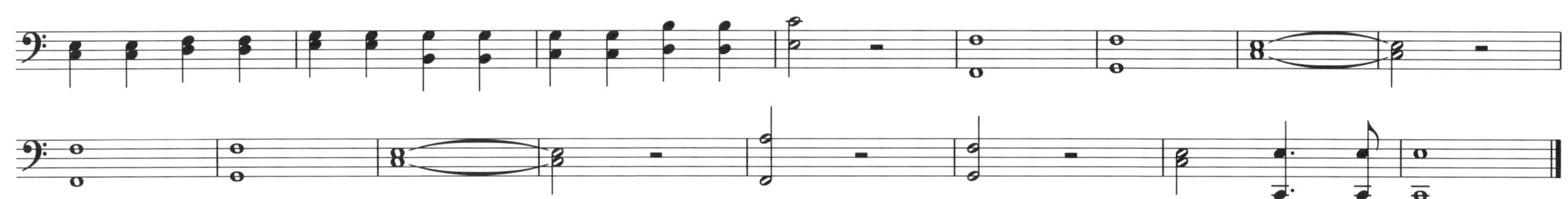

Wachet auf, ruft uns die Stimme

aus BWV 645

J. S. Bach (1685–1750)
Text und Melodie: Philipp Nicolai (1556–1608)

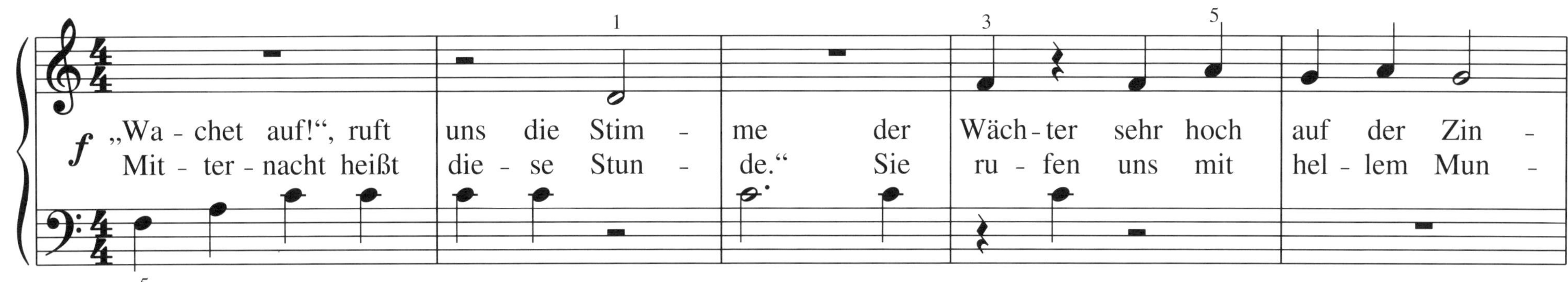

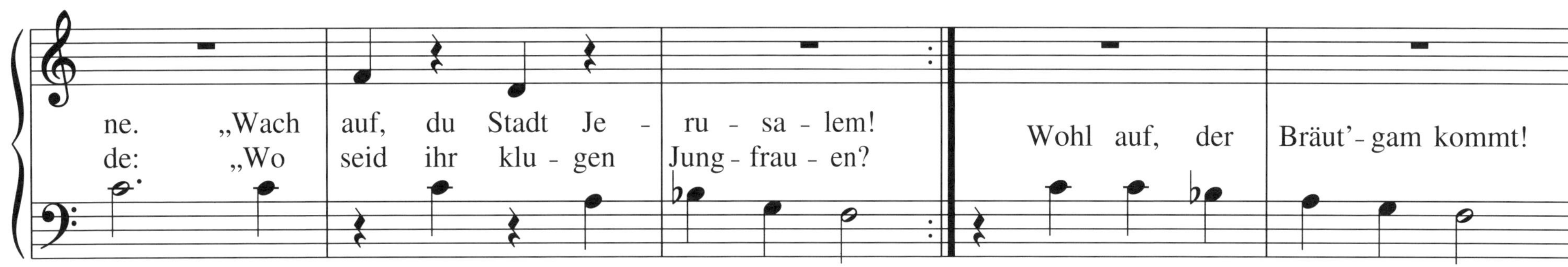

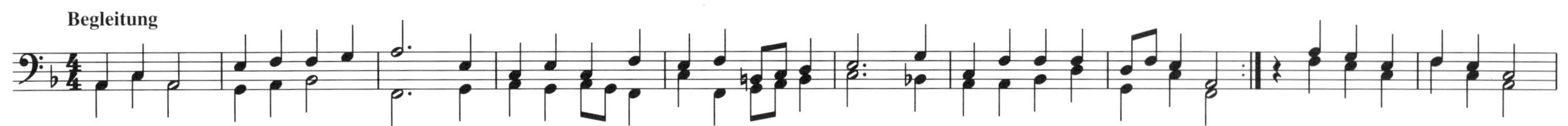

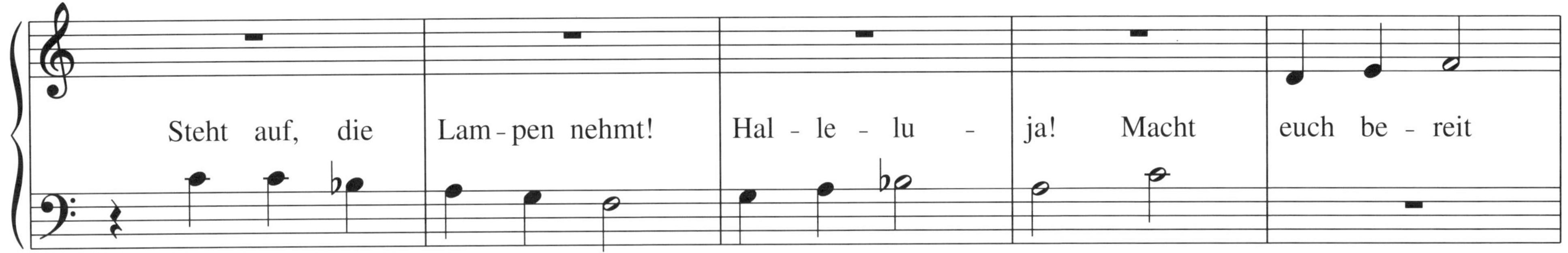
Steht auf, die
Lam - pen nehmt!
Hal - le - lu - ja! Macht
euch be - reit

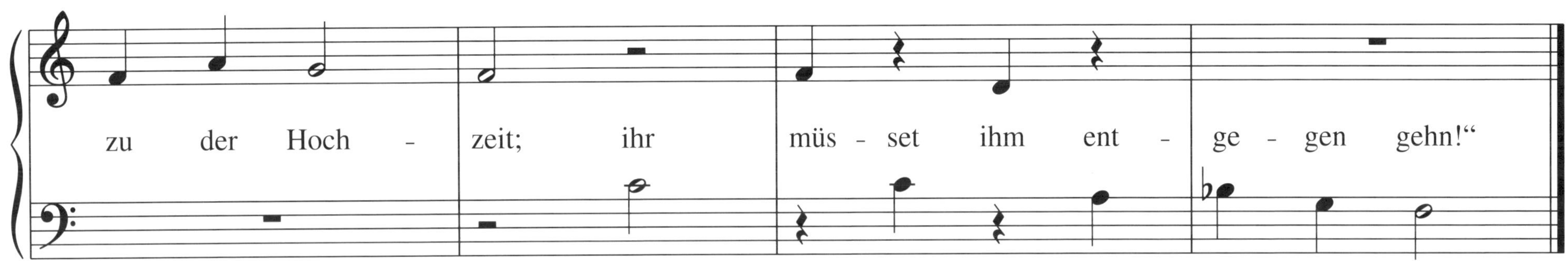
zu der Hoch - zeit; ihr
müs - set ihm ent - ge - gen gehn!“

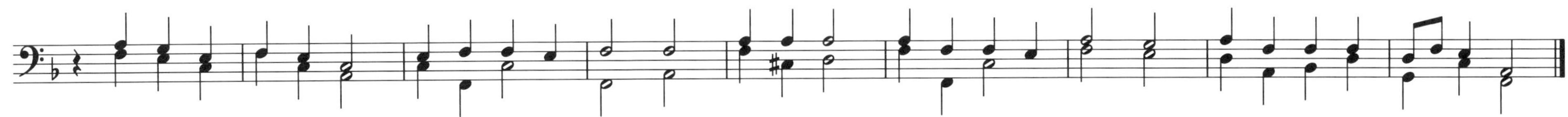

He's A Pirate

Text und Musik:
K. Badelt, H. Zimmer, G. Zanelli

Lebhaft

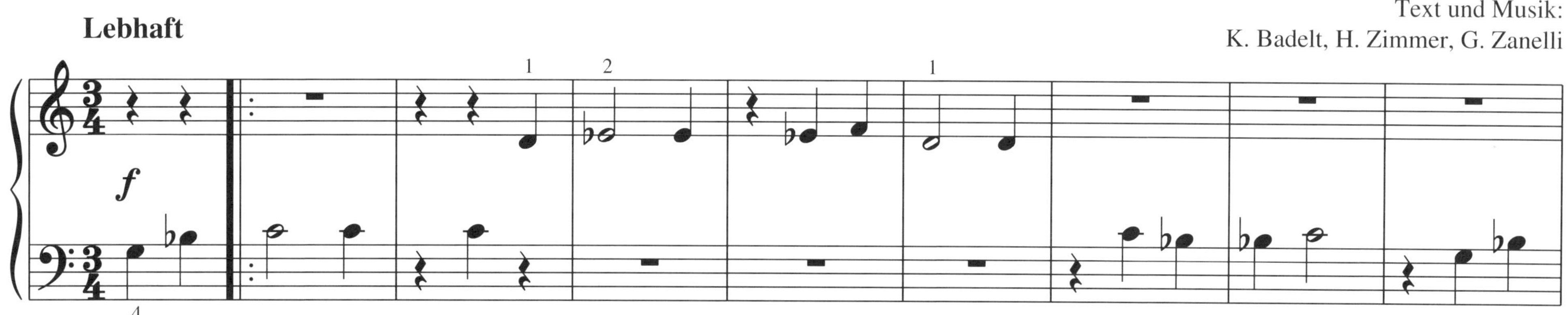

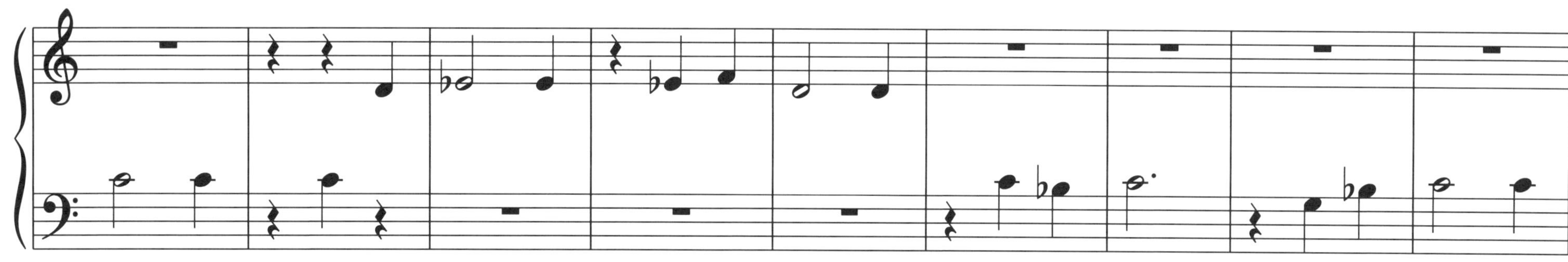

Begleitung

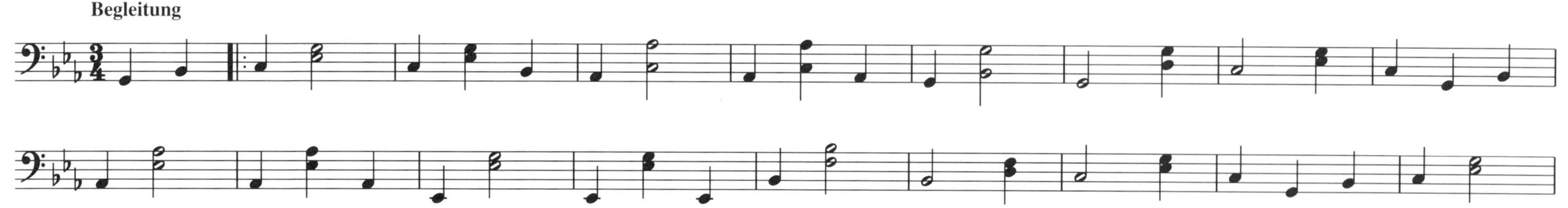

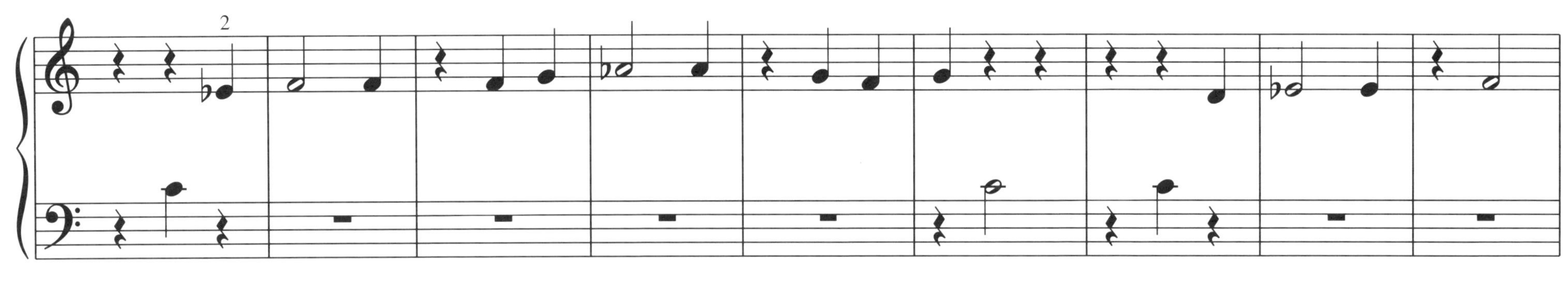
2

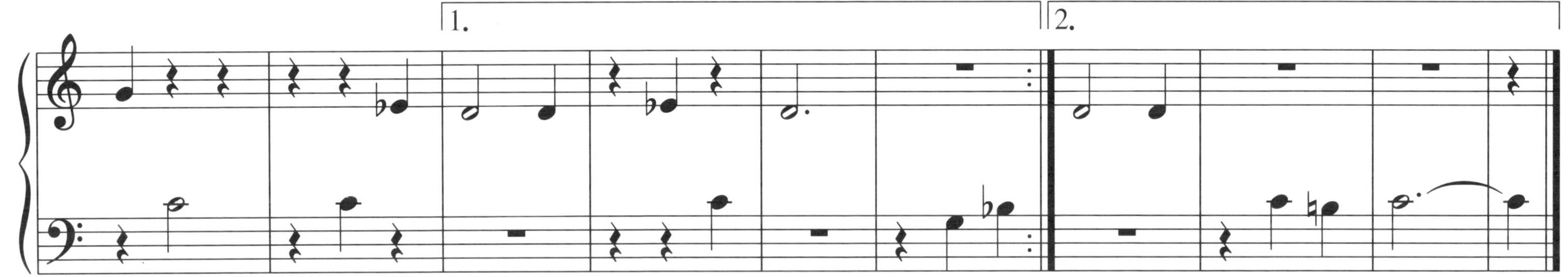
1.
2.

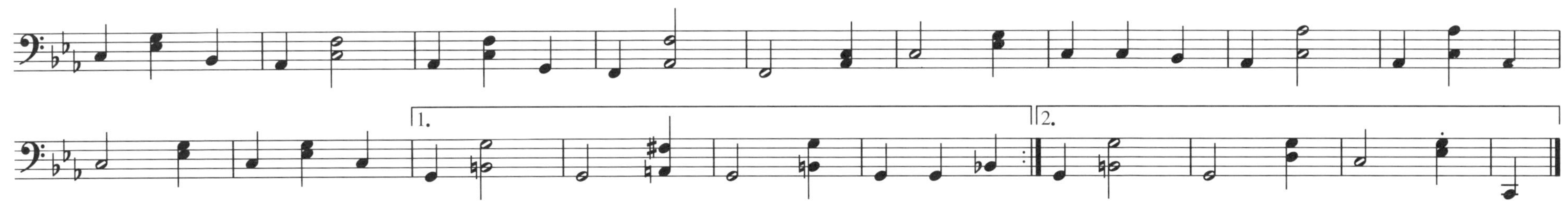
1.
2.

The Entertainer

Ragtime

Not fast S. Joplin (1868–1917)

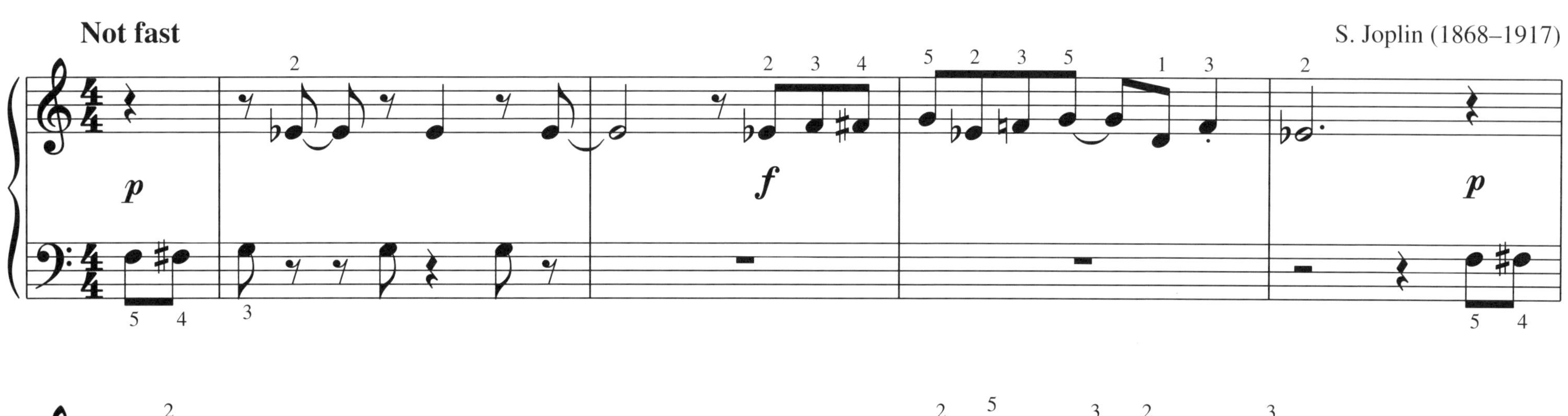

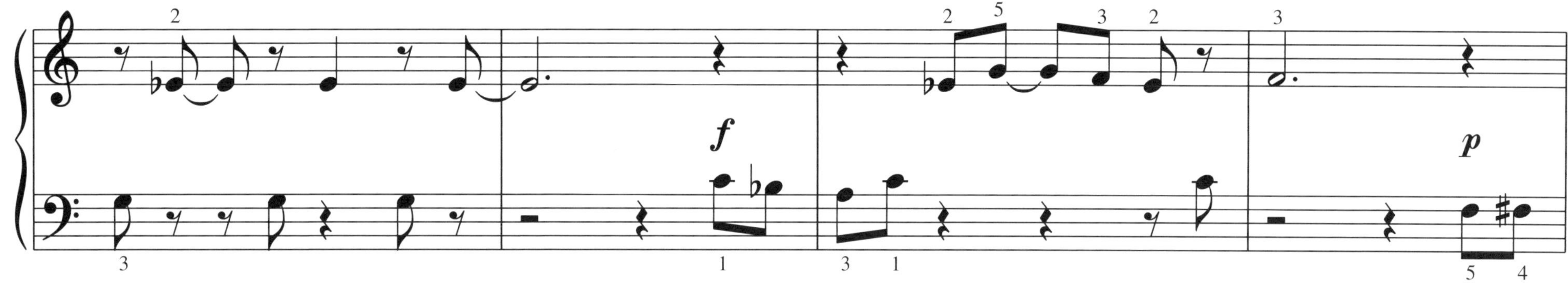

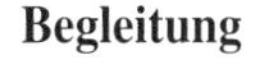

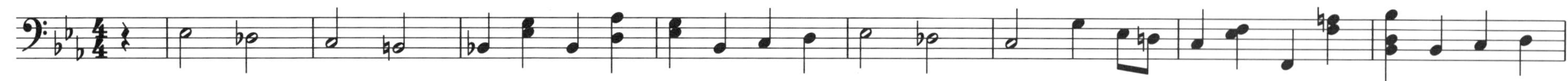

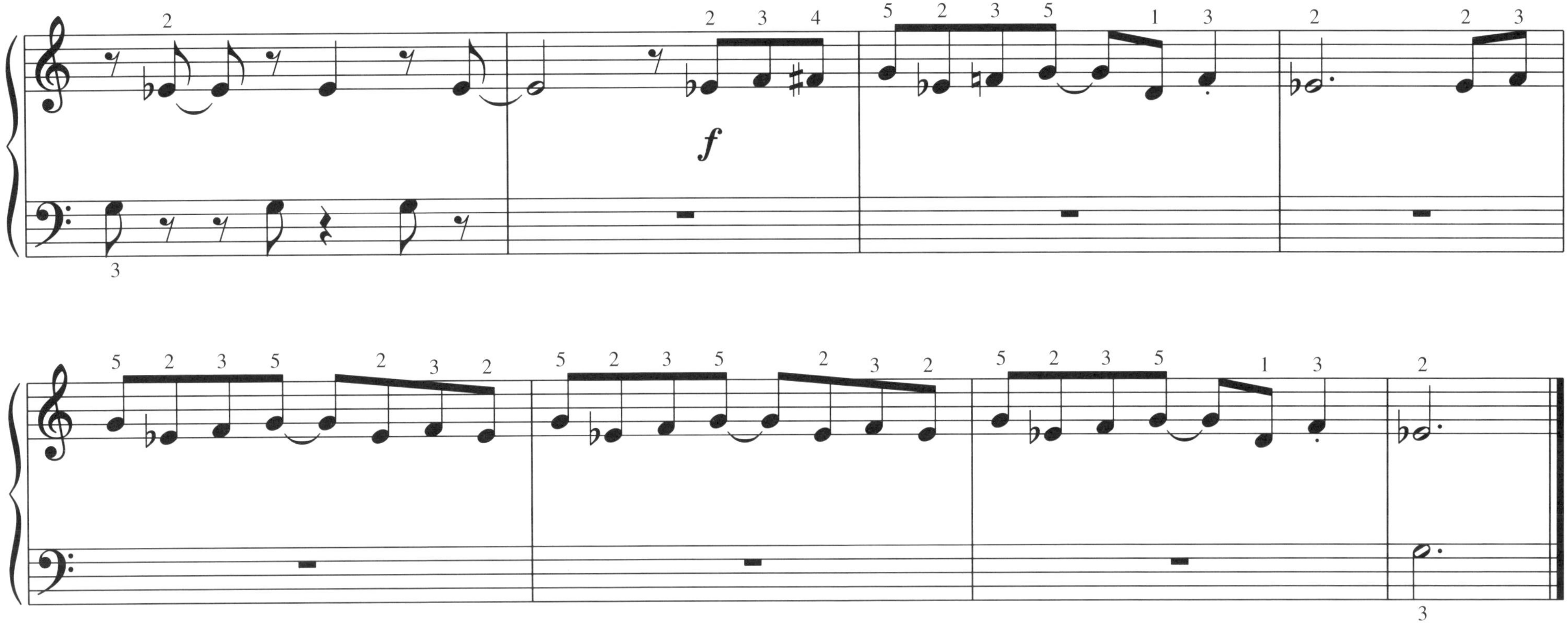

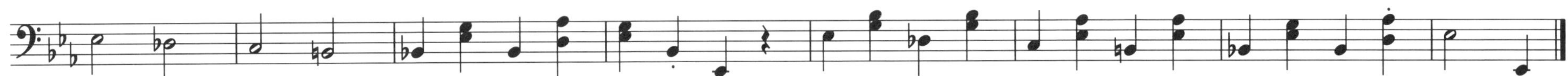

Pastorale

aus dem *Weihnachtskonzert* op. 6 Nr. 8

A. Corelli (1653–1713)

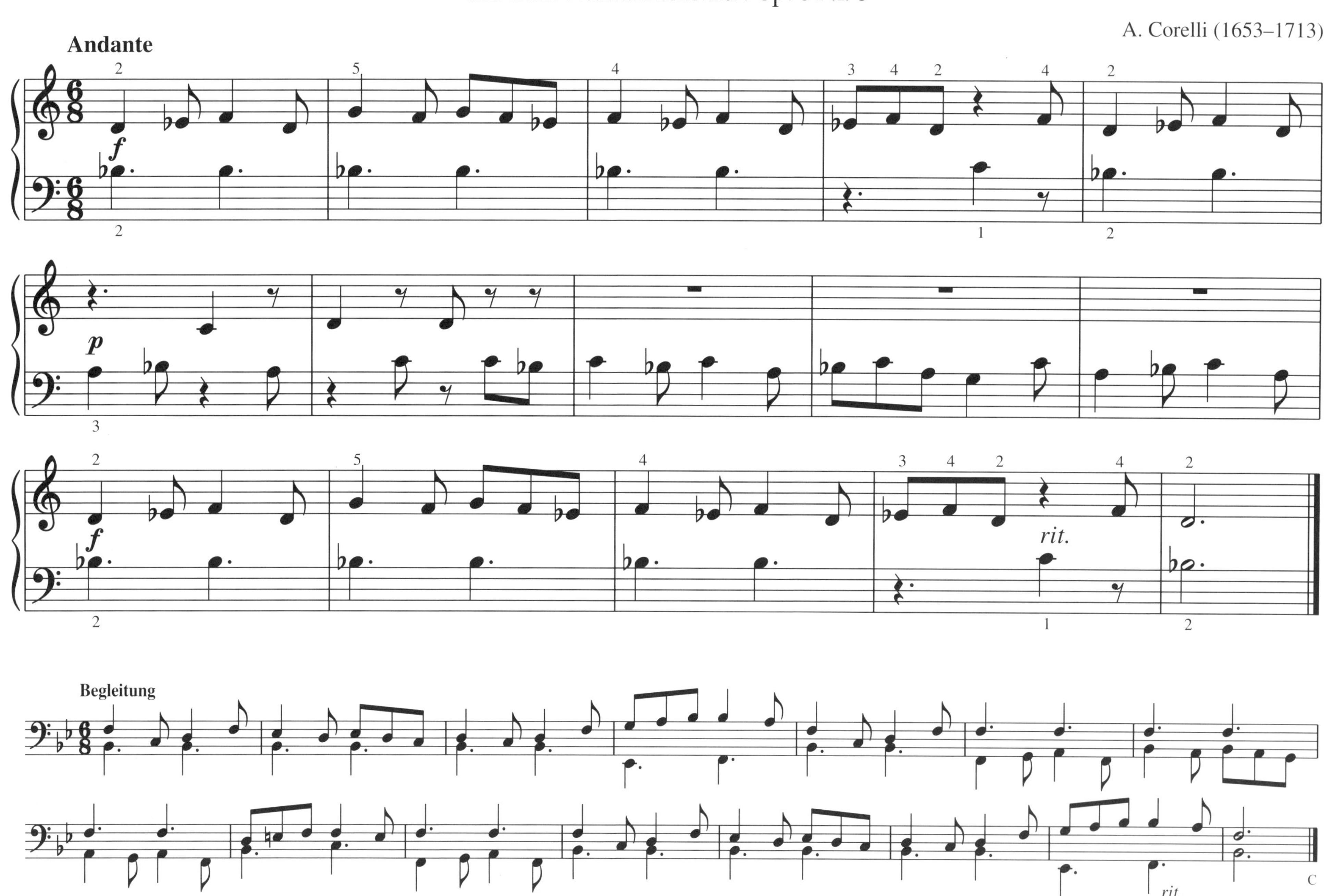